宅基地资格权入法

三权分置权利构造法理研究

孙建伟　著

创于1897　商务印书馆　The Commercial Press

本书为国家社会科学基金项目
“宅基地资格权入法后三权分置权利构造法理研究”
（项目批准号：21BFX193）的最终研究成果

序

在《民法典》关于宅基地的相关规定中，资格权没有得到规定。而中共中央、国务院在2018年《关于实施乡村振兴战略的意见》中提出，探索宅基地所有权、资格权、使用权三权分置。《意见》体现了强烈的改革意向，其价值取向是使宅基地能够进入市场化运作。

在宅基地进入市场化运作的试点中，关于资格权的问题渐渐凸显。既要搞活市场，又要市场有序发展，特别是不能出现"居者无屋"的情况，真正做到"户有所居"，这项改革必须审慎推进，相关问题需要逐个研究。与所有权、使用权相比，对宅基地资格权的研究相对不足，而资格权是宅基地三权分置中的重要权利。重视这项权利，形成一定规则，有利于避免出现宅基地使用权进入市场"一放就乱"的情形，有利于维护正常的经济社会秩序。

设立宅基地资格权，完全是基于国情、基于保障农民居住权益的现实需要。宪法规定，农村和城市郊区的土地，除由法律规定属于国家所有的以外，属于集体所有；宅基地和自留地、自留山，也属于集体所有。我国农村土地的集体所有制，决定了我国现今关于农民住宅的相关法律制度与历史上关于民宅的法律规定不同。为适应经济社会发展，在20世纪80年代改革热潮中，所有权和使用权两权分离的提出，顺应了经济社会发展的大势，满足了经济体制改革的需要。如今，在宅基地所有权中，分离出资格权和使用权，这是改革开放以来所有权理论的又一个进步，也是一项制度创新。资格权关系当事人是否具有获得和持有宅基地的资格,取决于是否具有农村集体经济组织成员这一特定身份,只有本村集体经济组织内的成员才有资格申请宅基地。这项规定将宅基地的使用与集体成员身份紧密相连,既体现了集体土地的共有性质,也保障了集体经济组织成员对集体土地在利用上的特殊权益。农村集体经济组织成员对宅基地拥有资格权,成为农民有稳定居住场所的前提,农民因此可以排除各种不确定因素,不必担心失去宅基地,使安居乐业有了基本保障。

设置宅基地资格权,适应了我国社会发展规律和农民的生活需要。根据法律,农村村民一户只能拥有一处宅基地,而由于居住需要、子女经济独立及婚姻等因素,都会出现分户需求。为保障农民的居住权益、适应家庭变化、明确财产权益和促进农业发展,农民分户不可避免。资格权在农民分户时显得格外重要,符合分户条件的农民凭借资格权,可以依法获得新的宅基地,以满足人口增加的家庭在居住条件改善方面出现的需求。因为资格权的认定标准比较清晰,减少了因宅基地权属不清、分配不公等问题引发的矛盾纠纷,促进了农村社会的和谐稳定。

设置资格权,可以节约土地,实现土地资源的合理配置。我国的土地资源有限,如果没有法律制度加以限制,会出现土地被随意占用或闲置的现象。而设定资格权,可将有限的宅基地资源分配给真正有需求的农民,避免土地浪费,提高土地利用效率。而且,这也有利于推动农村土地整理和村庄规划,优化农村居住环境,促进农村基础设施建设和公共服务设施的完善,增强农民对乡村发展的信心,促进农业经济的可持续发展。

大家对宅基地资格权的重要性有了基本共识。但是,在三权分置改革试点实践中,具体行使该项权利时仍遇到一些问题,这些问题来自实践,也就是所谓“真问题”。针对这些问题,孙建伟博士2024年出版了《乡村振兴与宅基地三权分置法律问题研究——以土地开发权为视角》一书,对相关问题作了初步研究。他在书中提到,明确资格权的法律地位,是推进宅基地三权分置的重要前提。之后,他聚焦宅基地资格权问题深入研究,形成了这本新的成果《宅基地资格权入法:三权分置权利构造法理研究》。读完书稿,我认为,这项研究顺应了农村宅基地改革的需求,丰富了三权分置权利结构的相关法理,对进一步完善《民法典》具有积极意义。

本书对资格权作了全面论述,阐明了资格权的概念,厘清了资格权与其他权利的关系,对很多问题都在比较几种学说后提出了作者自己的见解,有益于准确理解资格权,对解决三权分置运作中的一些问题具有实践运用价值。

孙建伟在本书中就宅基地三权分置的法理基础进行了多层面分析,在分析“权利束”“地上权”基础上,提出以“新型总有”解释三权分置体系,并在新型总有的框架下对资格权与所有权、使用权这两者的关系作了分析,基本说清了三权的逻辑结构和权利性质,意在从法理上说明将宅基地资格权上升为法定权利的必要性和理论上的可能性。这样的努力对推进宅基地市场化改革很有意义。

值得注意的是,书中还论述了宅基地三权分置实践中的问题。对于农民、村民自治组织、政府的各自责任和法律需求都有所论述。书中还就农用地补偿标准和程序作了论述,这部分内容旨在强调农村集体土地所有权的自主处分权;但是,对于如何解决宅基地相似问题方面似可以着力更多,如果那样,可以深化主题,本书的价值会更高。瑕不掩瑜,总体而言,这是研究宅基地资格权方面的一本力作。

孙建伟多年来对农村土地问题进行持续研究,成果颇丰,引起了法学界和土地管理部门的关注。现在，他正在着手乡村振兴与相关土地问题的下一个项目研究，他脚踏实地、不尚空谈的研究风格，令我们对他的下一部作品抱有期待。我相信，他不会让我们失望，一定会带给我们新的欣喜。

沈国明

2025年8月5日

目　录

引　论 …… 1

第一章　资格权入法：功能、价值及其财产权结构变革的法理基础 …… 7

一、宅基地资格权应当上升为法定权利 …… 8

二、宅基地资格权法定化的根基 …… 10

三、宅基地资格权法定化的价值基础 …… 15

四、宅基地资格权法定化的认知基础 …… 21

五、宅基地资格权法定化中的权利关系 …… 29

第二章　新型总有关系与资格权入法后三权之间的内在法理逻辑 …… 35

一、支撑三权权利结构的既有理论之不足 …… 35

二、新型总有：集体与成员所形成的身份关系和财产关系 …… 37

三、总有制度的起源、演进及其启示 …… 43

四、新型总有与所有权的关系 …… 49

五、新型总有与资格权的关系 …… 55

六、新型总有与使用权的关系 …… 61

第三章　资格权入法后三权分置的逻辑结构与权利性质之重塑 …… 66

一、基于身份获得的财产权与基于契约获得的财产权双重构建模式 …… 67

二、资格权是兼具身份与财产属性的准自物权 …… 75

三、三权分置体系下宅基地使用权的教义重构 …………………… 89

第四章 资格权入法后的农地三权内部结构优化之理论证成 …… 98

一、农村土地及其权利与农村集体经济组织 …………………… 98

二、集体农民使用宅基地的资格权 ………………………………… 104

三、集体农民承包农用地的资格权 ………………………………… 114

四、农村土地资格权的入市衔接 …………………………………… 121

第五章 宅基地三权分置的应用路径与"户有所居"的法律实现 …………………………………………………………………………… 126

一、"户有所居"问题的缘起 ………………………………………… 126

二、"户有所居"的法律规范 ………………………………………… 128

三、实现"户有所居"的类型及评析 ………………………………… 133

四、"户有所居"相关法律制度之构建 ……………………………… 140

第六章 农用地征地补偿标准制定主体的正当性 ………………… 150

一、征地补偿标准问题 ……………………………………………… 150

二、关于土地补偿标准制定主体的规范梳理 ……………………… 152

三、省级政府制定补偿标准的正当性质疑及破解思路 ………… 155

四、短期路径:公民参与权视角下农地补偿标准制定程序 … 162

五、长期路径:法律保留原则与农地补偿标准规范层级 …… 165

结 论 ……………………………………………………………………… 169

主要参考文献 ……………………………………………………… 174

引　论

2018年中央正式提出宅基地所有权、资格权、使用权"三权分置"（以下简称"三权分置"）改革思路，《中共中央 国务院关于实施乡村振兴战略的意见》提出："完善农民闲置宅基地和闲置农房政策，探索宅基地所有权、资格权、使用权'三权分置'，落实宅基地集体所有权，保障宅基地农户资格权和农民房屋财产权，适度放活宅基地和农民房屋使用权。"2021年中央一号文件再次指出：加强宅基地管理，稳慎推进农村宅基地制度改革试点，探索宅基地所有权、资格权、使用权分置有效实现形式。此次改革的核心为：使宅基地使用权能够进行市场化运作，打破传统的所有权和使用权二分模式，在原有的所有权和使用权中引入"资格权"。这必然带来原有宅基地权利结构上的变革，在制度上亟须从法理层面对宅基地所有权、资格权和使用权权利构造进行研究。《中华人民共和国民法典·物权编》（以下简称《民法典·物权编》）延续原《中华人民共和国物权法》（以下简称《物权法》）在用益物权章节中规定宅基地使用权的惯例，但囿于相关条件限制，暂时没有规定资格权。然而，从改革的方向来看，资格权入法是大势所趋。本书将引入资格权后的三权权利结构法理基础定位在我国农村集体与成员之间的新型总有关系之上，从法理上对三权分置权利构造进行科学界定和制度构建，以期为我国宅基地制度改革提供学理支持。

目前，国内法学界主要从三权分置的理论依据、权利性质、权利构造等展开分析。在理论依据方面，现有研究没有充分揭示符合政策目标并遵循法律逻辑的三权分置权利构造的学理基础。从宅基地三权分置的学理研究现状来看，推行宅基地三权分置制度改革的目的是借鉴农村承包地三权分置办法，盘活利用农村闲置宅基地和农房，以增加农民财产性收入。但宅基地三权分置与农村承包地三权分置在制度改革理念和具体规则设定等方面都有很大差异，尤其是要加强"农户宅基地资格权法理的研究"。① 有学者借鉴了英美法系的"权利束"理论作为三权分置的法理依据；②也有学者认为大陆法系的地上权理论可资借鉴。③ 但是，到底以何种理论作为依据并未形成共识，而且现有研究也没有揭示资格权入法后宅基地三权的权利构造的特殊性，因此，三权分置的权利构造法理研究较为薄弱，亟须加强研究。

从三权分置后的权利性质上看，学界对资格权和使用权性质认定存在较大分歧。一是从资格权的性质来看，有研究认为对资格权的界定无法摆脱集体成员身份的影响。④ 二是从使用权的定性来看，有研究者认为使用权是物权性财产权；⑤有研究者认为使用权可以是物权性财产权，也可以是债权性财产权。⑥ 三是从所有权来看，资格权入法

---

① 参见韩俊：《今年中央一号文件的主要精神和政策举措》，《上海农村经济》2018年第3期。

② 参见房绍坤、曹相见：《集体土地所有权的权能构造与制度完善》，《学习与探索》2020年第7期。

③ 参见高圣平：《承包地三权分置的法律表达》，《中国法学》2018年第4期；宋志红：《宅基地"三权分置"的法律内涵和制度设计》，《法学评论》2018年第4期；刘国栋、蔡立东：《农村宅基地权利制度的演进逻辑与未来走向》，《南京农业大学学报(社会科学版)》2020年第6期。

④ 参见孙宪忠：《推进农地三权分置经营模式的立法研究》，《中国社会科学》2016年第7期；陈小君：《我国农民集体成员权的立法抉择》，《清华法学》2017年第2期。

⑤ 参见谭启平：《"三权分置"的中国民法典确认与表达》，《北方法学》2018年第5期。

⑥ 参见马俊驹、丁晓强：《农村集体土地所有权的分解与保留——论农地"三权分置"的法律构造》，《法律科学(西北政法大学学报)》2017年第3期。

后，集体土地所有权的基本内容存在重大疏漏，亟须研究。[①] 但所有权、资格权和使用权的构造，尤其是资格权的性质，必然影响资格权入法后三权结构的设计。本书认为，资格权应从新型总有的理论视角出发，分析其权利性质，将其界定为具有身份性和财产性双重属性的财产权，以此展开宅基地三权分置权利构造的理论构建。

就三权分置后权利构造而言，目前学界主要观点如下：在维持原有的“宅基地使用权”基础上，再设一个新权利，如租赁权或经营权。[②] 该权利属于用益物权。[③] 三权无须分置，而应赋予原有“宅基地使用权”更多的收益权能。[④] 但是，目前学界对所有权、资格权和使用权进行科学合理的划分并厘定各自边界的法理研究较为薄弱，在如何发挥三权整体上的制度功能和价值来推动宅基地财产权化等方面只有零星探讨。

国外学者主要从我国农地改革方向、权利定位、理论支持等方面对三权分置进行了初步的研究。在农地改革的方向上，中国传统社会的土地使用权被法律和习惯所禁止交易和流转。改革开放以后，中国政府批准私人可以享有土地使用权，但受到很多制度和政策的制约，鼓励推动中国土地使用权的市场化改革，以便为中国经济快速发展提供更强大的动力引擎。[⑤] 在农地的权利定位上，相对于用益物权理论，“权

---

① 参见温世扬、梅维佳：《宅基地“三权分置”的法律意蕴与制度实现》，《法学》2018年第9期。

② 参见宋志红：《宅基地“三权分置”的法律内涵和制度设计》，《法学评论》2018年第4期；高圣平：《农村宅基地制度：从管制、赋权到盘活》，《农业经济问题》2019年第1期。

③ 参见房绍坤：《民法典物权编用益物权的立法建议》，《清华法学》2018年第2期。

④ 参见席志国：《民法典编纂视域中宅基地“三权分置”探究》，《行政管理改革》2018年第4期。

⑤ 参见〔美〕罗伯特·C.埃里克森：《复杂地权的代价：以中国的两个制度为例》，《清华法学》2012年第1期。

利束”理论更符合中国社会实践，以便创造出更多的产权实现方式；[①]为了保护农民的利益和推进农村土地市场化改革，中央政府务必明确农民集体土地所有权的法律性质。[②] 在农地权利定位的学理支持上，中国集体土地所有权可以运用“总有”理论来进行认识，但在具体实践中受双重限制：一是集体受国家和基层政府限制，一定程度上缺乏自主性；二是集体土地总有受集体土地所有与使用之间日益契约化制度事实约束，使总有呈现“持份权之总有”的特征。[③] 这些成果，均为本书的研究提供了新的方法论和视角，尤其日本小川竹一教授提出的“总有理论”。但从目前的选题来看，这些成果大都就农村土地问题进行宏观研究，没有具体到宅基地权利问题研究；虽然“总有理论”有助于解释宅基地权利性质问题，但其主要用于分析农地三权分置前的农地实践，对于宅基地三权分置改革，尤其是如何审视集体和成员的流动关系，并进行学理化研究还需要进一步探索。对上述理论的借鉴还要考虑我国国情和中外制度差异性，目前缺乏从理论到实践的系统研究。因此，还需对其进行本土化、体系化和创新性研究。

总体而言，国内外相关研究的不足体现为以下几点：第一，相关权利构造理论主要借助农地三权分置理论，而没有凸显资格权入法后宅基地三权分置本身内部权利构造的独特性；第二，对于资格权和使用权的性质争论较大，没有结合我国农村社会特有社会结构和新型总有关系进行深入研究；第三，过于拘泥于大陆法系和英美法系土地财产权理论，没有充分和系统地从我国农村社会特殊性来探寻资格权入法后三

---

① 参见 Michael A. Heller, *The Gridlock Economy*, Basic Books, 2008。

② 参见［荷兰］何·皮特：《谁是中国土地的拥有者——制度变迁、产权和社会冲突》，林韵然译，社会科学文献出版社 2008 年版。

③ 参见［日］小川竹一：《中国集体土地所有权论》，牟宪魁、高庆凯译，《比较法研究》2007 年第 5 期。

权分置权利内部构造;第四,相关研究大都没有从我国宅基地改革的实践出发,没有从农村社会特有的社会结构出发,也没有从法学的基本理论出发进行基础性、宏观性和体系性研究,因此,亟须对该问题进行本土化创造性的法理和交叉法学研究。

资格权入法后,宅基地三权分置中所有权、资格权和使用权的性质定位、权利界限、内部结构平衡及科学设置,以及其法理基础,是本书着力研究的对象。具体而言,将三权分置权利内部构造重塑,放在新型总有关系中分析和论证,提出基于身份的财产权与基于契约财产权双重权利构建模式,并将三权逻辑体系的理论架构与推动农村宅基地释放财产权具体制度构建结合起来,并在此基础上推动相关利益或权利法定化、体系化。本书期望围绕相关学理研究进行梳理,对质疑和反对三权分置改革的观点和学理进行评判;提出新型总有理论,以厘清资格权与所有权的复杂的内在联系;论证所有权、资格权和使用权的独特物权功能,为相关规则细化提供学理基础;以及论证资格权不仅是维系本集体经济组织成员宅基地长久使用权的法理基础,也是基于契约获得有期限使用权(经营权、租赁权)等财产权的基础,这一制度设计可以为乡村振兴和宅基地财产权化提供制度化解决方案。

本书将通过法理研究,推动资格权和财产权再次分离,以便为使用权市场化和财产权化提供理论基础;构建有中国特色的物权法、土地法基本理论,为形成具有本土化特点的科学的宅基地权利体系提供学术积累;通过学理研究,尝试对资格权和使用权的法律性质进行系统提炼,以便为推动中央政策法律化提供学理建议。一方面,结合土地开发权理论、土地用途管制理论以及规划权理论等来研究宅基地三权分置后土地增值收益分配,有助于完善发展该领域学理。另一方面,推进农村宅基地三权分置中使用权科学合理配置,以及集体成员身份到民事契约转型,是我国农村建设用地市场化、集约化配置和乡村振兴国家战略实施的关键。本书力图回应社会关切,为推进农村宅基地使用权市场化配置提供规则指引。宅基地所有权、资格权和使用权的重新界定和重大变革,事关土地权利体系重新配置,是涉及土地固有权利的维护和利益分配的大事。这对确立一套从实体到程序的科学宅基地权利分配规则具有积极实践价值。

第一章

资格权入法：功能、价值及其财产权结构变革的法理基础

宅基地三权分置是解决我国宅基地制度僵化、闲置土地资源低效利用的政策探索。宅基地资格权立法发端于地方实践与地方政策："明确在落实宅基地所有权和保障集体经济组织成员资格权的前提下，允许宅基地使用权通过合法方式有条件转让。"[①]2018 年中央一号文件《中共中央 国务院关于实施乡村振兴战略的意见》中对宅基地资格权进行宏观定位，使宅基地资格权的权属设定获得中央层面的政策支持。之后，每年中央一号文件都强调要探索宅基地三权分置的有效实现形式。事实上，宅基地资格权设立是为了更好地保障本集体经济组织中符合条件的成员的居住权益，巩固宅基地的居住保障作用。宅基地资格权独立成为破解宅基地保障功能和财产功能障碍的突破口。[②]

---

① 参见《中共义乌市委义乌市人民政府关于推进农村宅基地制度改革试点工作的若干意见》，载义乌市人民政府网，http://www.yw.gov.cn/art/2018/1/20/art_1229355313_894259.html?eqid=a65277ac0004565d00000004644773f5，2023 年 10 月 28 日访问。

② 参见席志国：《民法典编纂视域中宅基地"三权分置"探究》，《行政管理改革》2018 年第 4 期。

一、宅基地资格权应当上升为法定权利

农村宅基地制度在社会转型期亟须变革。作为我国福利安排的农村宅基地制度，是基于社会公平原则，以保障农户居住权为价值取向，“实现广大农户‘居者有其屋’的生存保障措施。但是，随着农村第二、三产业的发展和农村非农就业水平的提高，农村人口大规模迁移，宅基地的利用出现规模大、面积超标、一户多宅、闲置低效利用以及频繁的隐形交易等现象，成为优化城乡土地利用配置和统筹城乡协调发展的主要障碍，实施基于效率为价值取向的宅基地流转是农村稀缺资源优化利用和农村城镇化发展必然要求，是实现宅基地资产属性必要条件”①。“历经六十余年的宅基地制度对于稳定农村、保障农民‘居者有其屋’发挥不可替代的作用，但是既背负历史包袱，又承载厚重现实的宅基地使用权制度目前已不能适应社会经济的快速发展，亟待变革。”②

针对宅基地资格权问题，学界已展开深入研究，普遍承认其独立权利地位，只是在法律性质方面歧见纷呈，如剩余权说、③成员权说、④宅

---

① 关江华、黄朝禧、胡银根：《农户宅基地流转意愿差异及其驱动力研究——基于农户可持续生计视角》，《资源科学》2013 年第 11 期。

② 程秀建：《宅基地资格权的权属定位与法律制度供给》，《政治与法律》2018 年第 8 期。

③ 参见李凤章、赵杰：《农户宅基地资格权的规范分析》，《行政管理改革》2018 年第 4 期。

④ 参见宋志红：《宅基地资格权：内涵、实践探索与制度构建》，《法学评论》2021 年第 1 期。

基地使用权说;[①]至于权利主体、[②]权利内容、[③]制度建构路径[④]等,主张各异。当前宅基地资格权研究以该权利作为新兴独立权利为前提,缺乏深入系统的法理基础分析,导致后续的权利性质及结构、制度建构等观点差异较大。笔者认为,宅基地资格权应当上升为法定权利。宅基地资格权作为宅基地制度改革实践中建构的新概念,一方面要顺承传统宅基地制度资源,另一方面作为农户基本保障的财产权益,有必要有其独立的法律内涵、构成要素及运行机制。通过法定化,将具有逻辑理性的权利构造上升为法律制度安排,可以实现法律提供规范预期的功能,保障社会生活的安定。以宅基地资格权法定化为契机,既可以整合提炼既有制度的实践经验,又可以梳理澄清宅基地资格权的逻辑构造,构建权属清晰的三权分置体系。

基于传统权利分置理论发展出的新型总有制度有利于农户宅基地权益的合理实现。结合现有理论、地方实践及政策,准确界定宅基地资格权法律内涵,推动宅基地资格权入法,探讨宅基地资格权入法前后的不同情形,考察宅基地资格权权利类型的科学性和合理性,是完善宅基地资格权的迫切需要。推动基于效率为价值取向的宅基地流转是农村稀缺资源优化利用和农村城镇化发展的必然要求,也是实现宅基地资

---

① 参见席志国:《民法典编纂视域中宅基地"三权分置"探究》,《行政管理改革》2018年第4期。

② 参见陈广华、孟庆贺:《"三权分置"下农户承包权和土地经营权继承问题研究》,《农村经济》2018年第2期;程秀建:《宅基地资格权的权属定位与法律制度供给》,《政治与法律》2018年第8期;高海:《宅基地"三权分置"的法实现》,《法学家》2019年第4期。

③ 参见史卫民、彭逸飞:《"三权分置"下宅基地资格权实现的法治保障》,《中国农业资源与区划》2023年第5期;李谦:《宅基地资格权:内涵重塑、功能演绎与内容阐述》,《中国土地科学》2021年第1期;陈广华、罗亚文:《宅基地"三权分置"之法教义学分析——基于试点地区改革模式研究》,《农村经济》2019年第2期。

④ 参见宋志红:《宅基地资格权:内涵、实践探索与制度构建》,《法学评论》2021年第1期;刘恒科:《宅基地"三权分置"的政策意蕴与制度实现》,《法学家》2021年第5期。

产属性的必要条件。

二、宅基地资格权法定化的根基

宅基地制度改革是我国土地改革涉及利益范围最广泛、改革进程最缓慢的领域,是中国土地制度改革的攻坚点。宅基地制度改革既影响农户分配权、集体所有权及宅基地资源的配置,也关系到农村集体资产的使用程度。我国在不同历史时期基于当时特定社会需要,构造不同的宅基地分配制度,宅基地资格权作为三权分置的独立权利,探明资格权入法前后制度设定的社会基础,可为资格权法定化或制度化打下坚实基础。[①] 宅基地资格权主要源于集体共同体与集体成员的总有关系,在财产权方面体现为集体所有与集体成员根据其成员资格进行分配土地或使用土地的权利。[②]

(一)宅基地资格权根植于集体所有权

在宅基地制度改革中,宅基地所有权由集体享有,通过向集体成员分配土地使用权分享集体宅基地权益,这带来了传统的"所有权—用益物权"结构不能囊括宅基地资格权的权利属性和主体范围的弊端,而对宅基地三权分置的改革适应了现有发展阶段。[③] 宅基地所有权由集体享有,而宅基地资格权的设立满足了村民居住的权益需求,使用权

① 参见吕军书、郑弼天:《农村宅基地"三权分置"的政策意蕴及实现路向》,《西北农林科技大学学报(社会科学版)》2022 年第 4 期。

② 参见孙建伟:《宅基地"三权分置"中资格权、使用权定性辨析——兼与席志国副教授商榷》,《政治与法律》2019 年第 1 期。

③ 参见陈广华、孟庆贺:《"三权分置"下农户承包权和土地经营权继承问题研究》,《农村经济》2018 年第 2 期。

实现了所有权和使用行为的部分分离。[①] 宅基地资格权发挥居住保障作用并使之成为联系用益物权行使的合法依据,宅基地资格权承接所有权归属和用益物权使用二者的联系,在农民居住功能的保障、农村闲置土地的盘活、城乡资源的合理疏解等方面发挥了重要作用。[②] 因此,宅基地资格权使成员权和使用权更加清晰,在传统两权之间完善权利类型,维护集体土地的管理秩序,从而保障集体经济组织成员凭借身份享有保障性社会福利。基于宅基地资格权发生的用益行为,拓宽了集体经济组织财产的创富能力,提高了宅基地资产的使用效率,填充传统的两权模式,保障尚未获得宅基地使用权的资格权人的权益。[③]

(二)宅基地资格权是宅基地权利体系的有机组成部分

赋予农户宅基地资格权是变革集体土地所有制的迫切需要。宅基地资格权是集体经济组织成员初始获得宅基地的权利,无论宅基地使用权以何种方式流转,都不会改变集体分配成员宅基地的资格事实。在法律表达上,虽然在《中华人民共和国民法典》(以下简称《民法典》)中未明确规定资格权,但《民法典》第 261 条规定"农民集体所有的不动产和动产,属于本集体成员集体所有",表明了集体财产的集体性质,同时《民法典》第 264、265 条又明确规定了集体成员在集体事务的决定权、财产处分的知情权及无权处分的撤销权。现有立法对成员权

---

① 参见史卫民、彭逸飞:《"三权分置"下宅基地资格权实现的法治保障》,《中国农业资源与区划》2023 年第 5 期。

② 参见宋志红:《宅基地资格权:内涵、实践探索与制度构建》,《法学评论》2021 年第 1 期。

③ 参见丁关良:《"三权分置"政策下宅基地流转方式运行机理的剖析和思考》,《农业经济与管理》2020 年第 4 期。

仅具有公示效用，但对宅基地使用权的主体、行为、续期、收回等事项缺乏具体的程序和规范要求，资格权是成员权在宅基地领域的具体体现。[①] 从实践角度上看，尤其在选定启动宅基地改革的地方实践中，对资格权的实践做法可以概括为三类：第一，在流转的范围内，允许农户在本行政区域内进行跨集体流转；[②]第二，在身份无限期的宅基地使用权上，流转赋予符合受让条件的受让人固定期限的宅基地使用权，其中包括宅基地使用权抵押、转让、入股等，同时限制了流转的登记、用途、收益等，最典型的就是浙江德清在宅基地改革试点中出台的《农村宅基地管理办法（试行）》（以下简称《德清办法》）；[③]第三，基于资格权的宅基地财产权益可以转让，转让的范围与用益物权保持一致，彰显了地方实践中宅基地资格权被赋予丰富的内涵，生发出关于资格权的内容，丰富了集体成员的权利体系，地方实践已经超过法律对资格权的设定，起到先行先试的试点效应。新一轮宅基地制度试点改革稳步推进，试点地区根据地方实际，出台适合地区特点的规范性文件，在规范宅基地制度改革行为的同时，明确宅基地资格权的规范细则，探索出具有普适性的做法，为资格权入法提供了现实指引。

土地公有制保障农户居住权益举措体现为赋予农户宅基地使用权。集体经济组织成员对于初次分配的宅基地享有使用权，意味着宅基地自集体分配给农户后其所有权和使用权相分离。“集体所有、农户使用”的宅基地制度在设定初期是为了保障农户的居住需求。宅基地两权分置制度追求公平，以集体土地为集体成员提供基本居住保障

---

① 参见高海：《宅基地“三权分置”的法实现》，《法学家》2019年第4期。

② 李凤章：《土地抵押融资的法律困境与制度创新》，立信会计出版社2012年版，第67—68页。

③ 参见吴宇哲、沈欣言：《农村宅基地资格权设置的内在逻辑与实现形式探索》，《中国土地科学》2022年第8期；李谦：《宅基地三权分置：法理思辨、基础澄清与制度安排——以〈德清办法〉为样本再分析》，《农村经济》2021年第8期。

为目标，集体成员以户为单位享受宅基地使用权及附着于农房的财产所有权。但是由于两权的单向受力，农户无限期使用宅基地，缺乏宅基地退出机制，并只能在本集体内部交易的限制性规定，导致外出农户的利用增值行为受损，限制了农村财产资源的合理流动，不利于城乡资源的双向流动。宅基地资格权的设定弥补了这一制度缺陷，在宅基地的宏观制度框架下，宅基地三权分置政策应运而生，坚持在宅基地集体所有权的基础上，通过平衡各方利益主体，打通了宅基地上游所有权归属和下游使用行为，由宅基地资格权来承接宅基地上下游权属，实现宅基地使用权的市场化流转。

（三）宅基地资格权是新型总有关系的权属形态

总有指将土地所有权进行分割，其管理、处分等支配权能归属团体，而使用、收益等利用权能归属成员。[①] 新型总有则突出其支配权能为集体所有，但该集体为农户集体，最终意义仍然指向作为自然人的农户，因此被称为"新型总有"。在"新型总有"理论学说中，总有形态是在对土地进行利用的基础上产生的，而新型总有关系的权属形态与我国现行法律对集体土地所有权的表述及集体土地所有权在实践中的运行状态基本相符。[②]

在新型总有制度下，农户作为集体内部成员享有使用权与收益权，因此资格权同时体现身份权益与财产权益，并使农户凭借身份权益行使宅基地流转的法律权利。利用宅基地以保障农户的基本居住权益为土地法治的首要原则，而盘活农村闲置土地资源和提高宅基地利用效

① 参见李宜琛：《日耳曼法概说》，中国政法大学出版社2003年版，第75—76页。

② 参见孙建伟：《宅基地"三权分置"中资格权、使用权定性辨析——兼与席志国副教授商榷》，《政治与法律》2019年第1期。

率可以推动宅基地财产权化。因此,立足宅基地资格权并放活宅基地财产权,使宅基地财产权益从身份权益中分离出来,突出宅基地的财产权功能。实践中还应当确保农户不因流转宅基地使用权而失去其居住保障权利,受让人取得宅基地部分权利能够满足宅基地稳定使用的合理期待,对农户居住权益和第三人使用的双重保护是宅基地资格权入法后制度设定符合实际的重要标准。在我国司法实践中已有判决将农户的居住权益作为裁判的着重考量点。例如,在G某等诉L某农村房屋买卖合同纠纷案中,[①]法官考虑到G某等已通过继承和赠与方式获得了父母宅基地上的房屋所有权,且该宅基地的使用权人系G某等,其居住权益已获保障。同时,司法对受让第三人稳定使用宅基地也持保护态度。这点同样在G某等诉L某农村房屋买卖合同纠纷案中有体现,如法院认为G某等与L某签订的《房屋转让协议书》无效,但考虑存在新建筑和添附,仍肯定L某在转卖前的占有和L某转卖给第三人M某的占有,而判决不返还房屋,彰显出对第三人稳定使用的保护。在宅基地流转市场的日益健全和宅基地权能扩张的制度变化下,宅基地资格权入法的着眼点不仅在于追求宅基地的初始分配公平,更在于宅基地如何流转,以及流转回农户时的财产价值,故宅基地资格权入法兼顾宅基地的居住保障权益和财产权益。

农村土地制度变迁蕴含着宅基地资格权的发展逻辑。宅基地资格权是集体经济组织成员以户为单位,依法依规享有的,从本集体经济组织获得集体所有的宅基地使用权的一种权利,原则上无偿且无期限。[②]具体而言,宅基地资格权是符合条件的农户能够无偿从集体经济组织

① G某等诉L某农村房屋买卖合同纠纷案,江苏省常州市武进区人民法院(2021)苏0412民初4318号民事判决书。

② 参见郎秀云:《三权分置制度下农民宅基地财产权益实现的多元路径》,《学术界》2022年第2期。

获得额定面积宅基地使用权的权利，具有相对独立性。与此同时，获得宅基地的农户可以流转使用权，保留宅基地资格权；没有获得宅基地的农户可以依据宅基地资格权申请宅基地或请求其他居住保障。“宅基地资格权以所有权为基础，不因宅基地使用权的变动或地上房屋的流转而变化，原农户享有的宅基地资格权可以不同的形式得以实现。”① 所有权、资格权和使用权存在特殊关系，进而重新定义农户宅基地资格权的权利内涵及其法律属性。宅基地使用权抵押、转让，尤其是转让至非本集体成员成为受让人受让范围的突破，在宅基地使用权主体、期限、费用等方面，尚缺乏既能坚持农村土地集体所有权、兼顾农民居住保障与财产权实现，又能有效协调集体、集体成员与非本集体成员利益关系的顶层设计。可以说，三权分置是深化宅基地改革与创新的理论探索和实践应对。

三、宅基地资格权法定化的价值基础

随着宅基地财产价值的显化，农户通过流转宅基地使用权变现宅基地财产价值的现实需求日渐强烈。相较宅基地资格权缺乏规范表达的现状，集体成员权在集体中享有的宅基地权益只明确了居住权益，对宅基地的财产权益缺乏彰显，导致中央一号文件中提及的宅基地资格权受限。宅基地资格权从集体经济组织中分离后，成员独立享有对宅基地财产价值的处分。要想破除这种土地制度困境就需要将宅基地的身份权与使用权剥离，回归使用权的财产权属性。宅基地资格权法定化将奠定身份与财产性价值相对独立的格局，并直接约束法官的判决，

① 郑庆宇：《农村宅基地资格权：基本内涵、权能结构和行使机制》，《中国不动产法研究》2021 年第 2 期。

让宅基地纠纷案件判决的正确性“存在于与法律的一致性之中”[①]，从而以正当、合理、可预期的方式充分发挥宅基地资源的市场经济价值。

（一）推动农村宅基地资源化、市场化

宅基地是非常重要的土地类型之一。宅基地资格权法定化能够建立对宅基地的稳定预期，推动宅基地作为市场资源高效利用与流通。

1. 盘活农村闲置宅基地

城镇化推进和城乡经济结构的变化使农村人口获得空前的流动机会，农户与宅基地的依附关系逐渐被打破，宅基地的使用效率大大降低，出现了大量的闲置宅基地。所谓闲置宅基地，指宅基地虽为农户占有并享有使用权，但由于农户已经搬离农村地区，宅基地既无法被农户实际利用，也无法回到农村集体进行重新安排。在传统二权复合的制度设定中，禁止宅基地多元流转使宅基地无法发挥作为财产的作用。虽然实践中存在隐形的宅基地外部使用行为，如原宅基地使用权人由于不再使用宅基地，将宅基地作为物权客体转移第三人占有，这种占有往往不被制度所允许。

宅基地大量闲置且隐形流转的现象时有发生，这表明宅基地的居住功能已经逐渐让位于财产功能，追求公平的制度已趋向资产高效化的价值追求，因此需要通过制度对实践中宅基地显现的财产价值作出回应，对单一居住功能的宅基地制度进行变革，在原有二权复合的基础上建立一种上承集体经济所有权、下接宅基地使用权的新型独立权利，以填补对规范宅基地财产价值的制度需求。

---

① 〔德〕阿图尔·考夫曼、温弗里德·哈斯默尔主编：《当代法哲学和法律理论导论》，郑永流译，法律出版社2002年版，第275页。

2. 释放宅基地资格权的经济价值

科学构建宅基地三权分置结构，有助于丰富农户土地权利。宅基地主要发挥居住保障功能，在产权结构设置上忽略了其所承载的财产权，成为僵死的不动产。与之形成鲜明对比的是，城镇土地要素为城镇居民独立的使用权体系，能够带来相应的财产权收益。故推动乡村振兴，适度放活宅基地与农户房屋使用权可释放宅基地财产价值，优化宅基地资源配置，增加农户财产性收入。①

宅基地三权分置体现法律对于农户宅基地使用权等财产权的保护。传统宅基地二权理论认为，宅基地的身份权益与财产权益无法兼容，但宅基地的权源具有特殊性，即所有权和使用权的主体不具备同一性，农户资格权独立成权并使之承接农户基本生活保障的基础目标。农村宅基地使用权正是由于资格权的独立得以纯化其财产属性，而两权到三权的制度完善，使农户对宅基地的现实支配转化为可以转移的使用权益，并依赖这种权益获得宅基地的物权收益。传统宅基地使用权去身份化的宅基地用益行为是宅基地财产多元用途的体现，也是增加农户财产性收入的重要制度保障。②

宅基地资格权具备自物权的权属特性。宅基地财产价值的凸显，使成员根据成员身份的取得、占有、使用、转让、收益、处分和继承集体土地等权利，可用于流转后的宅基地，且流转的范围也大大增加，囊括的使用主体也同步扩大。③ 分得宅基地的成员在满足一定条件下，在

① 参见周飞舟、林上、王恒：《宅基地"资格权"的社会学意涵》，《济南大学学报(社会科学版)》2021 年第 4 期。

② 参见江晓华：《"三权分置"下宅基地退出的权利表达》，《华南农业大学学报(社会科学版)》2021 年第 3 期。

③ 参见李谦：《宅基地资格权：内涵重塑、功能演绎与内容阐述》，《中国土地科学》2021 年第 1 期。

获得资格权的基础上,将其宅基地使用权向第三人流转,用益物权的行为可以移转行使,流转期限届满和外部主体使用宅基地土地及其附属房屋时,宅基地资格权人可以请求受让人恢复到受让之前的圆满状态或收回宅基地。实践中自物权还体现在对集体所有权的行使,成员根据表决将分配给自身的份额交由集体统一行使,由集体与外部主体对接转移使用权,成员可以获得基于共同意志处分宅基地成员份额获得的财产收益,也可以要求按照份额请求集体分配所获收益。在这样的权益运行状态中,农户基于宅基地资格权,推动宅基地使用权的财产价值相对独立和彰显。①

(二)加速推进城乡一体化发展

宅基地资格权制度改革为乡村振兴提供土地要素保障。乡村振兴战略提出构建现代化农业体系,推动农村三产融合,打造农业全产业链,大力实施乡村建设行动,这些乡村振兴战略举措需要土地要素作为有效支撑,因此妥善解决宅基地问题成为乡村振兴的关键。宅基地资格权相对独立,承载身份性财产权,可以使其去身份化,进一步加强宅基地使用权的相对独立性,使农户凭借已经固定的宅基地资格权打通流转市场。外部主体的使用行为能够激活宅基地财产权能,为承接外部资源要素留出空间,便于城市资本、技术、人才等资源进驻农村,发展乡村旅游、特色民宅等产业,改善传统农业结构,不断释放农村集体产业的集聚效应,规模化经营效果明显。但是,土地资源的有限性和不可替代性导致农村土地总量受限,无法通过新增土地满足乡村振兴的用地需要。因此,深化宅基地制度改革,放活宅基地,使增加的土地资源

① 参见陈广华、罗亚文:《宅基地"三权分置"之法教义学分析——基于试点地区改革模式研究》,《农村经济》2019年第2期。

为乡村振兴提供土地要素支撑,不仅可以促进产业兴旺与农民收益多元化,也有助于城乡关系的协调共进,发展城乡融合道路。宅基地使用权为集体外部主体创设用益权,有利于解放农村劳动力,促进农户向非农产业转移,实现城镇资源与农村资源互联互通。

在农户不失去对宅基地控制的前提下,提高宅基地的财产价值。宅基地两权分离模式主要在成员和集体之间发挥权属作用,保障成员的生存权益,对所有成员平等开放,体现公平的社会价值。但随着改革开放的不断深入与经济社会的持续发展,这种模式与社会现实需求间产生了一定的价值张力。[①] 宅基地资格权在当代社会的价值变化,既守着保障农户居住权益的底线,又体现在盘活闲置农房和宅基地制度的制度探索中。相较于传统的两权分离模式,三权分置模式突出灵活使用宅基地行为,在乡村振兴背景下,宅基地资格权突出可流转的财产权益,既盘活宅基地,提高利用效率,也拓展了乡村振兴各项措施进驻乡村的用地空间,提升了宅基地的财产价值,使农户的可流转行为直接提高财产收入。可见,推动宅基地资格权的进一步独立,并挖掘其独特的功能与价值,有利于保障农民的宅基地财产权益,促进城乡融合发展和全面乡村振兴。

(三) 助力宜居宜业和美乡村建设

2023 年中央一号文件提出“扎实推进宜居宜业和美乡村建设”,这是党中央进入新发展阶段在“三农”领域的重大政策创新,也是全面实施乡村振兴战略的又一重大举措。宜居宜业和美乡村即产业、人才、文化、生态、组织全面协调发展的农村,是美丽宜居乡村的“升级版”。其

---

① 参见刘恒科:《宅基地“三权分置”的政策意蕴与制度实现》,《法学家》2021 年第 5 期。

中“和”突出体现了在以往美丽乡村建设的基础上，考虑不同地区、不同经济水平、不同发展阶段、不同发展趋势等方面的客观规律，统筹乡村基础设施和公共服务布局，因地制宜、和而不同地提升乡村文化内核和精神风貌。乡村建设始终处于我国社会主义现代化建设的重要位置上，聚焦资金投入、公共服务、人才配备等城乡要素双向流动和机制完善，切实保障宜居宜业和美乡村建设趋向农业农村现代化、对接全面建设社会主义现代化国家发展目标。

当前，我国农村社会处于深刻变化和调整时期，随着城镇化率的不断提升，大量农民涌入城市导致农村人口流失、宅基地闲置等问题越发严重，“空心村”的客观存在意味着农村住房保障制度的残缺，即宅基地使用权由于过度限制而难以满足市场需求，未能充分实现资源合理再配置。在宅基地所有权与使用权“两权分离”的法权结构下，其权利主体限定于农村集体经济组织成员，并禁止宅基地使用权的外部流转，使宅基地成为“沉睡的资本”。一方面，农村集体经济组织内部的农民除基本生活需求的居住问题外，无法在宅基地闲置时将其置换为资金，“弃而不用”成为处理闲置宅基地的唯一选择。另一方面，适度盘活集体建设用地，可以在推动农村土地要素市场化改革背景下进一步挖掘宅基地使用权的财产性要素，优化宅基地资源利用，实现农村土地在乡村基础设施、公共服务空间和产业用地需求的改革红利。

宅基地作为一种集体公有制的法权，其制度基础源于集体成员土地所有权的让渡或保障集体成员生存权、居住权，因而承载了更多的农村社会公共利益的功能。与宅基地所有权与使用权相较，宅基地资格权作为新创设的权利，能够有效应对三权分置下宅基地制度中财产功能与社会保障功能相对立的困局，处于“承上启下”的枢纽地位。在宅基地使用权的限制范围内，只有通过提出资格权和三权分置，宅基地使用权才能有效放活并获得合法性。然而,宅基地资格权尚未“入法”,在实践中仍面临诸多亟待解决的问题,如农户资格权“认定难”、居住权益“保障难”、资格权“退出机制难”、闲置资源“利用难”等。在现阶段,城乡融合发展、市场经济需求及农业农村现代化决定了农村土地资源除用于居住保障外,必然面向“新村民”“新产业”“新经济”的发展需要。由此,在宅基地三权分置制度改革背景下,资格权正是通过推动宅基地使用主体“去身份化”和激活宅基地使用权,使之具备能够自由进入市场的财产属性,进而实现城乡生产要素的双向流动,以促进农村土地资源的高利用率和优化配置,如此不仅能够促进城乡融合发展、改善乡村宜居宜业风貌,也在保障农民“住有所居”住房福利的同时,推动宅基地资格权的实现,以规范宅基地流转市场、优化农村土地资源再配置,有效解决宅基地高闲置率、“空心村”等资源浪费问题,进而助力宜居宜业和美乡村建设目标的实现。

四、宅基地资格权法定化的认知基础

宅基地资格权法定化的前提是明确宅基地资格权的概念,这就必须对宅基地权利结构和关系进行清晰揭示。只有在新型总有关系基础上明确宅基地资格权的内涵,才能为资格权的性质认定奠定逻辑清晰的认知基础,进而为资格权法定化的制度安排提供科学依据。宅基地资格权上承集体土地所有权,下接宅基地使用权,连接了宅基地的权源和使用两端;把宅基地的身份权与使用权剥离,回归使用权的财产权属性,可破除传统土地利用的困境。要想通过以权利行使机制为载体的制度安排,进行“宅基地所有权—农户资格权—宅基地使用权”的权利构造,需全面认识宅基地资格权。

（一）宅基地资格权具有成员身份属性

关于宅基地资格权的性质主要有三种观点：成员权说、物权说、剩余权说。成员权说将资格权看作个体向集体组织内部初次请求集体分配其宅基地的权利。与申请集体土地承包权的成员资格相似，宅基地资格权是集体内部向组织成员分配其能够保障居住宅基地的专属身份凭证，集体有义务保障成员的基本生活，成员可向集体申请宅基地用于居住；作为集体成员的基础权利，成员可以无偿取得并无限期使用宅基地土地。具体而言，村集体向村民颁发资格权凭证，用于请求宅基地分配、土地使用费用豁免、退出补偿等，集体组织负有保障集体成员居住权益的义务，可见成员权说强调成员是否处在集体内部，能否被集体评价为能分配宅基地的成员。物权说是基于成员从集体中获得的财产而生发的权利学说，即成员获得宅基地，就意味着在法律上成为分配宅基地的独立个体，此种制度设计可以强化宅基地的财产价值和居住权能，让村民享有被分配的土地长期排他性占有的物权权利，其目的是强调宅基地对农户的保障作用，降低外部居住风险。剩余权说认为村集体成员享有宅基地土地，使用权人与第三人以宅基地资格权为基础在一定期限内转让使用权，第三人暂时获得使用权，原使用权人保留宅基地的剩余权，在约定到期后，可以请求第三人返还使用权并支付基于使用权的收益。①

对此，笔者认为，宅基地资格权遵循着“宅基地所有权—自物权—宅基地使用权”发展逻辑在三权分置中体现出身份色彩的财产权利，发挥保障农户基本生活的功能。对于宅基地资格权衍生出的子权利——宅基地使用权，因其是从宅基地抽象出的三级权利，在理论和实

① 参见申建平：《宅基地“资格权”的法理反思》，《学习与探索》2019年第11期。

践中主要分为“债权说”与“物权说”两种。债权说认为应当将宅基地使用权规范为一种债权，使之与现行物权法“一物一权”的制度基础不发生矛盾，顺承法律体系化之间的稳定性。基于该学说，农户对宅基地不具有所有权而仅具有使用权，对外部的租赁也是宅基地使用权的二次延伸，即农户通过与外部主体签订租赁协议，利用租赁权实现对宅基地的二次利用。实践中对宅基地的租赁行为配套登记公示制度，可以对抗善意第三人并实现自由转租，其性质属于宅基地租赁权，因此在农户和租赁方之间形成可供请求的债权。部分学者也赞成在债权行为法律框架下对宅基地进行合法利用。[①] 物权说将使用权定义为具备物权性质的权利，属于用益物权，将宅基地直接用于转让、抵押或租赁，由农户提供土地要素，外部主体提供资金支撑，使资本要素和土地要素相互融合。由于土地资源是城乡互通资源的通道，宅基地使用权可发展成可供使用的物权，且属于基于固定期限取得物权的类型。[②]

此外，宅基地资格权作为一种新型的独立权利，在法律构造上具有独立塑造的必要性。宅基地资格权属于农村集体经济组织成员权在宅基地领域的权利类型，在对权利客体的处置上，不仅可以满足个人保障性居住，权利人也可以享受自物权的权属效能。农村宅基地资格权需要在权利内涵充实的基础上得到丰富，宅基地使用权的占有、使用等权属无论是否固定在农村集体经济组织个体手中，并不必然导致宅基地资格权中身份权的消灭。用霍菲尔德的权利理论术语来讲，这意味着农村宅基地资格权至少包含“特权”(privilege)、“权力”(power)和“豁

① 参见高海：《宅基地“三权分置”的法实现》，《法学家》2019年第4期。

② 参见刘恒科：《宅基地“三权分置”的理论阐释与法律构造》，《华中科技大学学报(社会科学版)》2020年第4期。

免”(immunity)要素，[①]而作为村集体成员的农户依赖身份权既可以获得保障的权属功能，又能够在身份权之外取得其他身份利益，在宅基地上创设法律关系且自身权利不受他人干扰。宅基地资格权从集体经济组织分离出来后，本身就有自物权属性，能够保障除身份本权个体之外的第三人占有和移转，权利人能够依照自由意志实现用益物权的移转。

（二）宅基地资格权包含对宅基地进行占有、使用和处分的权能

集体经济组织的土地资源作为一种重要的市场化资源，使用主体不仅面向内部成员，而且作为一种市场化资源面向外部主体。在二权分置语境下，宅基地使用权的成员属性和财产属性处于分离状态。由于仅向内部农户提供宅基地的使用权益，农户因个人或工作原因离开宅基地时只能将其闲置，而无法发挥其财产属性，这也成为宅基地流转的权利阻因。界定宅基地使用权，要区分占有和使用两种权属类型。实践中对宅基地使用权均有不同程度的应用，无论是债权说还是物权说，均从宅基地使用权能中抽象次级权利，二者的区别在于是否能够按照现行物权法规则的一般权能进行规范。由此可见，适用宅基地使用权使权利扩充，所有权通过农户的宅基地资格权发挥更广泛的作用，农户独立行使处分权，在法律构造上丰富权利类型。

---

① 霍菲尔德的法律概念矩阵将所有法律概念和关系化约为八个最小公分母：权利(right)、义务(duty)、特权(privilege)、无权利(no-right)、权力(power)、责任(liability)、豁免(immunity)和无权力(disability)。权利指有权要求某人做或者不做某事；义务指应当做或不应当做某事；特权指可以做某事的自由；无权利指没有要求他人做某事的权利；权力指能够通过自己行为创设自己与他人或他人与他人之间的法律关系；责任指应当承受他人创设的法律关系；豁免指无须承受他人创设的法律关系；无权力指不能创设自己与他人或他人与他人之间的法律关系。参见〔美〕亚瑟·L.科宾：《法律分析与术语》，牛犇译，载朱振等编译：《权利理论》，上海三联书店2020年版，第140—145页。

需要注意的是，前述权利运行不存在成员凭借宅基地资格权处分宅基地使用权后，又回流到第一层级再次申请宅基地资格权的循环模式，在集体所有权分配给成员的宅基地使用权中，其保障作用应为无限期使用，但是在二级权利——资格权移转宅基地使用权过程中，权利受让主体的权利使用期限应为有限期，同时也限定了权利使用的条件、程序、内容等具体事项。宅基地资格权人发生向受让人出租、转卖等行为后，无权再向集体经济组织申请新宅基地，这是对有限的土地资源的保护，也是对其他成员集体权益的保护。

（三）宅基地资格权须经集体经济组织认定

农村集体经济组织成员资格认定是符合条件的集体成员实质性参与集体经济组织活动的基本前提，主要包含认定主体、认定程序、认定方式等法律要素，其中最为核心的是认定标准。认定标准为认定主体在认定过程中依据的基准性条件，是否符合标准直接影响能否被认定为农村集体经济组织的成员，因此对农村集体经济组织成员资格认定的讨论主要围绕集体经济组织成员的认定标准展开。对农村集体经济组织成员资格认定标准是否完善关系到集体成员能否真正享受民事权益，也影响《民法典·物权编》的实施效果。成员资格认定作为集体经济组织利益的调节阀，其标准失衡必然引发一系列社会问题。一方面，应认定的成员资格未能予以认定导致成员个体的集体合法权益遭受侵害；另一方面，认定标准宽泛将本不属于集体的个体纳入集体组织内部使集体经济组织利益流失，直接侵害既定成员的合法权益。目前，立法尚未对成员宅基地资格权的认定主体予以明确，在处理农村宅基地流转认定实践中均由集体经济组织进行认定。

多数涉及集体权益的成员资格认定案件依照集体组织内部自治规

制进行,成员资格认定的自治程序主要有两种:一是通过集体民主评议,由集体成员会议决定;二是不通过集体会议,选派成员代表共同协商确定或由村民委员会商讨决定。现行成员资格认定程序中认定主体单一,认定程序缺乏规范流程,主观随意性强。依照自治方式认定成员资格要求各主体具备较高的法律意识,但我国农村地区存在农户集体意识不强,集体成员经常无法参与认定程序,认定程序的组织者也无法确保认定程序和认定结果的公开透明化等问题。特别在出现土地征收赔偿案件中,成员资格的有无直接影响能否获得赔偿的权利,自治活动如缺乏有效的监督和引导,程序上的正义就无法保障被侵害人的合法权益,进而发生为争夺土地征收权益而侵害集体组织成员权益的情况。

农村集体经济组织不同于一般的村民组织,更加突出公共服务和生产经营作用,在宅基地整合、权利分配、管理过程中发挥主导作用符合组织特点和历史延续。由集体经济组织分配宅基地更容易实现成员利益,而在集体成员资格认定中由集体经济组织赋权更加符合组织运行逻辑,也符合集体经济组织的历史运行逻辑,是发挥集体经济组织的纯经济功能,防止夹杂村委会行政职能。集体经济组织的认定情况在实践中多样复杂,甚至在一户内出现对宅基地使用权的异质性表达。宅基地资格权涉及的情形是基于成员身份而取得的宅基地资格权,是成员权在宅基地权益领域的具体体现,应当交由农村集体经济组织认定和管理。

(四)宅基地资格权以户为单位无限期享有

为实现与两权连贯的法律制度设定,保持制度实施的稳定性,享受宅基地资格权的主体范围应当为农村的居住户,并应以户为单位贯彻“一户一宅”制度。

首先，以户内成员为单位确定农户宅基地取得的具体面积，可以有效保障宅基地初次分配的公平，促进权利行使的稳定性，防止户内成员对权利处置的意见分化带来宅基地分散化问题，以户为宅基地资格权主体也是我国宅基地制度设定的路径依赖和制度一贯性选择。与农户集中居住的历史习惯相契合。在我国司法实践中，存在以户为单位参与集体事务管理和行使表决权，且法官在裁判案例时支持以户为单位行使表决。①

其次，集体经济组织成员资格认定一般以具备本村户籍为形式要件，以是否满足居住保障为实质要件，宅基地资格分配权仅是在分配时按照户内人数为单位进行面积叠加，并不是以户为单一的计量单位进行分配。户内个体享受集体身份，在配置宅基地时按照整体户进行分配。

再次，发挥宅基地的基础保障功能，户内成员如全部落户城镇的，在本集体经济组织内就不享有宅基地资格权，而户内部分人员仍留在村内的，应该继续发挥宅基地的居住保障功能，并不以部分成员的外流而否认整户的宅基地资格权。居住户的分散不影响宅基地的整体存在，即使存在部分农户在城镇工作生活等不居住的情况，也可以保障其在农村的居住权益，这种宅基地资格权的设定更照顾到人员流动的现实情况。有学者提出“缓和有因性主义”的改革思路，“所谓缓和有因性主义，就是在承认成员权得失是‘三权’变动的原因的基础上，要坚持一种缓和的立场，允许‘三权’在成员权丧失之后继续存在一段适当的时间，当成员权确定无须恢复或不应恢复之后，‘三权’才告消灭”②。这本质上是在承认宅基地资格权的基础上，制定一种稳妥的制度改革方案。

---

① 第一村民小组诉施某某表见代理再审案。福建省泉州市中级人民法院(2020)闽05民再6号民事判决书。

② 靳相木、王永梅：《新时代进城落户农民“三权”问题的战略解构及其路线图》，《浙江大学学报(人文社会科学版)》2019年第6期。

最后，由于宅基地保障居住的功能，在初次分配宅基地时就明确了宅基地使用权的无期限性，而以户为单位的家庭关系会长期存在。这也就意味着其占有的宅基地会伴随家庭的延续而存在。集体所有权永久存在以及集体成员家庭的血脉延续使集体所有权分配给成员的宅基地的权利会永久存在，根本上是由集体经济体制下“居者有其屋”的保障目的决定的。无限期行使宅基地资格权要求对宅基地的权属登记必须以户为单位，保障权利行使的稳定性，防止出现户内对处分宅基地使用权意见不一导致对居住权能的损害。[①]

（五）宅基地资格权的行使与自愿有偿退出

宅基地资格权的行使是资格人自主处分其权利的表现。其主要体现为两种。第一种，对资格权实现时间的选择。宅基地资格权人在宅基地初始申请时，可以申请保留宅基地资格权，在需要申请分配宅基地时，再行激活其资格权行使，对于延期期间是否存在权利的补偿，地方实践中可由原权人申请居住补贴。部分成员落户城镇后在退出环节申请保留宅基地资格权，即允许农民在保留宅基地资格权的情况下自愿退出宅基地，而在返回集体组织重新落户后，可再通过有偿的方式优先获得宅基地。在申请和退出环节的保留是行使宅基地资格权主体权利，这也使得在时间上实现合理调配宅基地资源。第二种，对宅基地行使权利内容的选择。集体经济组织成员可以凭借资格权取得对宅基地的使用权，而在用益期限届满后，宅基地的占有和使用权能回复到原资格权人手中，此时财产权和身份权又重新集中到集体经济组织，使其具备完整的宅基地资格权。

---

① 参见韩立达、王艳西、韩冬：《农村宅基地“三权分置”：内在要求、权利性质与实现形式》，《农业经济问题》2018 年第 7 期。

探索宅基地有偿退出制度对于解决宅基地分散、闲置低效的利用，协调宅基地使用意愿，改善农村人居环境等问题有重要意义。宅基地改革试点地区已推行进城落户村民自愿有偿退出宅基地的规范，但实施效果不甚理想。[①] 对此，可设定宅基地使用权固定期限制度，即针对已经在城镇获得户籍资格不再具备集体成员资格的农户，设置宅基地资格权强制退出的缓冲期，在固定期内实施自愿有偿退出，或在固定期限届满后实施强制有偿退出。退出的直接结果为资格权人彻底丧失宅基地使用权，宅基地使用权也回归原所有权人，集体组织对于退出的宅基地进行回收，再次分配至新增的集体经济组织成员，实现对宅基地分配的公平化保障和土地的高效化利用。[②] 在三权分置的权利架构中，农户在退出宅基地资格权中应取得次级使用权人的同意；本权使用人退出后，使用权人如占有宅基地则失去权利基础，宅基地资格权人应基于退出行为给予使用人经济补偿。退出权利也突出了资格权的主体地位，但需要进行限制，即取得宅基地后，在宅基地资格权行使期间出卖、出租、赠与宅基地的，若再次申请宅基地则不得批准。

五、宅基地资格权法定化中的权利关系

宅基地资格权是农户、集体、国家对于宅基地利益主体多元互动的结果，体现着政治、产权和社会结构三者共同作用的结果。在理解宅基地资格权时，不能将其权能简单地理解为法律权利，而是要探究其背后

① 参见张克俊、付宗平：《“三权分置”下适度放活宅基地使用权探析》，《农业经济问题》2020 年第 5 期。

② 参见张勇：《宅基地“三权分置”改革：“三权”关系、政策内涵及实现路径》，《西北农林科技大学学报（社会科学版）》2020 年第 2 期。

所代表的社会属性与身份关系。宅基地资格权有其深厚的历史和现实背景,对农民和集体的关系在不同历史时期具有不同的价值定位,而制度构建也能反映出当时集体组织和农户的身份关系。

(一)宅基地资格权下的农户与集体关系

宅基地产权关系是农村社会结构的体现。小农群体的生产能力与抵御风险的能力较低,基于地区联结的小农在集体内部结成"利益共同体",形成农户与集体的依附关系。小农群体组建的社会关系间接影响宅基地制度的建构。个体农户组成集体经济组织,集体组织对小农负有保障功能,历次土地制度改革都将小农放在改革的首要地位。所有权归属集体,使用权分配给农户的土地产权架构支撑集体经济组织的运行,维系集体与小农家庭的共存关系。村民个体以户为单位组成家庭单元,以户为单元在集体经济组织中平等享受宅基地初次分配份额,这就在农户与集体组织之间建立较为稳定的内部联系,而土地资源的稀缺性也决定了这种分配制度的供给是有限度的。集体的理性意志限制个人对公共资源的无限索取,在对有限宅基地的分配上遵循一户一宅的分配原则,收回退出的宅基地向新加入的成员分配,由此集体经济组织分配会把握资源的有限性和农户对土地需求的平衡。宅基地资格权是宅基地制度设计中作出的利益衡量。宅基地改革是对土地利益的重新分配和社会关系的重新调整,即如何在不触及集体所有制的前提下,更好地发挥宅基地所具有的生存和发展双重功能。国家关于宅基地的顶层设计,既符合共同富裕的社会主义公有制目标,也符合当代宅基地使用的地方实际。国家调整宅基地各方利益主体,通过增加制度供给、释放增量土地要素来激活宅基地制度的最大价值发挥。因此,国家设定宅基地制度在已有制度上扩容宅基地权能边界,能够有效降低制度变化带来的不稳定性,促进宅基地制度的合理变迁。地方实践也应将这一理论应用于试点,在宅基地资格权使用的先进做法推行后,再上升到普遍推行的宅基地法律。

农村结构的变化基于人口变化。宅基地制度的改革伴随农村非农人口的增加,部分农户已经不依赖农村产业转而流向城镇地区,宅基地已经不能满足于居住的需要,其价值属性逐渐强化,且集体经济组织面临着多种成员的退出和加入情形。这部分新增成员要符合社会的合理期待,同时对“空挂户”“寄居户”等特殊情形进行规范。宅基地资格权是对现实中出现的复杂情况进行积极回应,集体内部会出现对集体份额的科学合理分配,而对集体财产的管理和处分需要得到大多数农民的同意,或者通过表决的方式来决定,体现出集体事务管理和处分中的总有关系。[①]

宅基地资格权和使用权性质的不同体现在成员权和土地产权分离的功能上。农村土地是基于集体经济组织成员的共同享有,其土地财产权并不属于集体组织,而属于本集体组织内成员组成的集体,集体成员共同享有对宅基地土地的使用权。集体组织是国家控制宅基地集体土地所有权的代管延伸,国家的宏观政策制定与集体内部分配土地权属的产权离合使权属和使用间存在矛盾。宅基地制度改革的关键在于对待宅基地资格权应将其身份权内部的财产权予以剥离,这样宅基地不仅能够为成员提供保障价值,还可以在用益的范围内享有收益。

(二)总有关系下成员身份权与土地所有权分离的关系调谐

农民个体的集体成员资格权天然包含在农村集体所有权中,两者

① 参见韩松:《宅基地立法政策与宅基地使用权制度改革》,《法学研究》2019年第6期。

在产权结构上互为体现。无论在两权分离还是三权分置的情况下，农户的成员权均不是独立存在的，而是从集体权利中抽离延伸出来的附属权益。在法律和表述中强调“成员集体”的概念，一方面是保障集体成员在集体组织中的主体地位，保障成员通过集体获得集体利益分配的平等机会，突出集体性质，保障集体内部形成稳定的秩序。另一方面，这是强调农户个体成员独立享有权利，不能被集体内部的其他成员随意排除和处分，其准入和退出均需要集体意志加以作用，集体保障成员独享集体权益。“成员”和“集体”是一对相互依存的法律概念，两者共存于集体的产权结构中，对于集体权益实现的价值追求高度一致，农户的成员权是成员集体享有的权利，承载的集体权益由集体成员享有。三权分置模式下，宅基地使用权继续维持二权分离模式下的用益物权属性，凸显其财产权属性，强化宅基地使用权进入市场的能力。更重要的是，在宅基地资格权属效能中，身份权与财产权双重属性因具备自物权的属性，在发生纠纷后，权利主体能够凭借自身的独立法律地位取得独立的诉讼地位，以自身的名义起诉与应诉，为集体经济组织处理成员权益纠纷提供了多元解决机制。

宅基地资格权以农户集体土地所有权为基础，是在集体土地所有权上为集体成员提供居住权能的社会保障，也是在集体土地所有制下对农户的一项社会福利。[①] 宅基地资格权的产权变动建立在不动摇集体土地所有权的基础上，集体成员依赖成员资格无偿取得集体土地。宅基地资格权作为农户居住保障的权利载体，农户在保有权利时其身份地位不能脱离集体存在，只有依存于集体才能拥有成员资格权，才能够从资格权中获得权益。

---

① 参见韩文龙、谢璐：《宅基地“三权分置”的权能困境与实现》，《农业经济问题》2018 年第 5 期。

宅基地是由集体经济组织成员无偿取得、无期限限制的独享权利，通过立法赋予其准物权属性。宅基地本身具有财产功能，如果仅仅依靠集体经济组织在内部中单向分配，无法激发其财产价值最大化，且可能造成土地要素资源的闲置。宅基地资格权将身份权与财产权分离，强调对土地使用人的"去身份化"，实际上不但没有否定集体组织成员的成员资格身份，而且更加强调成员对独享的资格权进行独立处分的主体地位。主体根据自主发挥维系居住的保障功能，抑或是宅基地使用权收益的财产功能，能够将集体土地的资格权通过移转占有的方式转化为财产权，实现流转收益。这种权利设置使城乡实现了资源要素双向互动，有助于土地资源的优化配置，盘活土地市场，让更多的土地要素进入市场内进行流转。[①] 有学者担心宅基地土地对外流转可能会直接影响集体内部成员的资格权，出现无限制流转的问题。[②] 在集体外部流转中，集体成员只有在满足自身居住的情况下，才会选择将身份权转化为财产权，在进行流转之前根据自身情况选择是否延伸身份权能；在集体内部流转中，由于资格权本身设定基于保障生存权的根本目的，在集体组织内部流转实乃被法律禁止，进而威胁部分成员的基本生存权。权利转移并不意味着身份权的转移，身份权是获得集体组织内部承认的独享权利，个体只有凭借这一权利才能在集体中获得独享利益。

公法和私法的权益平衡在宅基地资格权上得以体现。《民法典》并没有明确限制宅基地使用人的身份，这就为集体组织外部善意第三人使用集体内部土地提供了适用的法律空间，更加凸显《民法典》的私

---

① 参见李凤章、赵杰：《农户宅基地资格权的规范分析》，《行政管理改革》2018 年第 4 期。

② 参见吴丽、梁皓、霍荣棉：《制度信任框架下宅基地"三权分置"改革制度风险研究》，《中国土地科学》2020 年第 6 期。

权保护本质。宅基地资格权与集体土地所有权相联系，在集体整体与权属个体之间强调土地的集体性质，而在土地权属使用上又强调个体权利自主性实现，将使用权与资格权再次连接，即宅基地资格权一端的身份权连接着集体组织内部；另一端连接集体外部土地使用人，依赖身份属性满足社会保障功效，财产属性满足外部流转的收益。这就在三权之间形成较为完整的权利结构关系。

第二章
新型总有关系与资格权入法后三权之间的内在法理逻辑

笔者主张农民集体从宅基地所有权中提取分配农户的宅基地资格权,资格权在性质上保留准自物权的属性。其法理基础在于新型总有关系。本章对其法理根源进行探析。

一、支撑三权权利结构的既有理论之不足

有关宅基地三权分置的法理根源,包括权利束理论、地上权理论、总有理论等。其中,权利束理论和地上权理论用来解释三权分置存在明显不足:农村社会结构中所有权、资格权与使用权等权利分置,权利束理论不能有效为其提供正当性,而新型总有关系比较有优势;身份性质的财产权致使地上权理论难以获得正当性。身份性质的资格权需要用新型总有关系理论来补强。

(一)权利束理论的不足

我国农村特有的社会结构导致权利束理论难以获得正当性。权利束理论来源于制度经济学,其认为:财产权应对传统的人对物的绝对支

配关系进行反思，注重基于物之上的有限权利主体之间的关系；在此基础上否认人对物干预的正当性基础；同一财产上不断附加集体产权、国家产权，使之成为一种财产权利集合。[①] 这一理论应用到土地"权利束"，该束权利包括土地的所有权、用益物权、担保权以及相邻关系权，不仅涵盖了权利主体的多元化，也包含了权利类型的多样化。

但是，笔者认为权利束理论无法有效解释宅基地三权分置问题。其主要理由有以下几个方面：一是从理论形成背景来看，权利束理论主要是美国现实主义法学用以否定传统私法教义学自洽性和财产权相对独立性而兴起的一种理论。[②] 尽管国家公权力在私法发展中发挥着巨大作用，但近代私法发展史表明，公权力是在承认和尊重私法具有相对性前提下进行财产权分割的，用权利束理论来解释宅基地权利分置不符合其自我独立化的改革趋势。[③] 二是从理论的基本内涵来看，将财产权描述为权利束可以有效地扩充财产权的概念，但其前提是认可集体与政府对财产权的干预。在我国农村集体土地问题上，应对这种逻辑保持警惕，防止过度干涉个人财产安全和自由。三是从未来发展趋势而言，权利束理论式微，正在被"财产权模块化"理论所取代。[④] 因此，权利束理论不适合我国宅基地三权分置的制度实践。

（二）地上权理论的不足

我国农村集体土地特有的身份性质的财产权导致地上权理论难以

① 参见梅夏英：《民法上"所有权"概念的两个隐喻及其解读——兼论当代财产权法律关系的构建》，《中国人民大学学报》2002年第1期。

② 参见熊丙万：《实用主义能走多远？——美国财产法学引领的私法新思维》，《清华法学》2018年第1期。

③ 参见孙建伟：《乡村振兴与宅基地三权分置法律问题研究：以土地开发权为视角》，上海三联书店2024年版，第87页。

④ 参见熊丙万：《实用主义能走多远？——美国财产法学引领的私法新思维》，《清华法学》2018年第1期。

获得正当性。资格权之上设定的不一定是地上权。地上权是一种典型的用益物权,借助宅基地集体成员的资格权来设置地上权。从现有的试点和相关政策性文件来看,还没有明确其一定就是地上权。地上权是为了解决建筑物存在需要以什么权利为基础的问题,试点实践中存在三种形态:一是以地上权的理论来解决三权分置中的使用权性质,即在资格权上设定具有用益物权性质的地上权,即使用权;二是在集体成员的资格权上设置建筑物时,设定法定租赁权,这种租赁权须到法定部门进行登记;三是普通租赁权,即没有进行法定登记的租赁权。在宅基地三权分置复杂多样的制度性实践中,以上三种情形都或多或少存在,对此,应照顾到实践的多样性和丰富性,不应"一刀切"地定性为地上权,因其未必能保护好农民的利益。[①]

二、新型总有:集体与成员所形成的身份关系和财产关系

长期以来,我国宅基地所有权和使用权二分权利架构模式存在很大争议。在这种权利架构模式下,宅基地所有权归属集体,宅基地使用权归属本集体成员。但由于宅基地使用权受国家禁止开发等用途管制的限制,宅基地只能用来居民自住,是为集体成员解决、提供居住的一种制度上的福利和保障,[②]禁止在本集体外部进行交易。这种制度构造模式,是按照成员的身份来获得宅基地使用权的。这种宅基地使用

① 参见孙建伟:《乡村振兴与宅基地三权分置法律问题研究——以土地开发权为视角》,上海三联书店 2024 年版,第 17—18 页。

② 参见孙建伟:《城乡建设用地置换中土地指标法律问题研究》,《法学评论》2018 年第 1 期。

权的分配规则,与集体和成员之间的土地所有和利用关系联系紧密。这种集体与成员基于宅基地所有与利用之间的关系,形成了事实上的总有关系。倘若看不到这一点,就无法理解宅基地所有权和宅基地使用权之间的内在关系。

(一) 什么是总有

何谓总有?王利明教授认为,总有是欧洲日耳曼固有法上特有的制度,是物属于团体共同所有的形态。我国研究日耳曼法李宜琛教授认为:总有,系将所有权之内容,依团体内部之规约加以分割,其管理、处分等支配权的权能属于团体(对总有财产的管理及处分须得构成员全体之同意,或基于团体规约,以多数决为之),而使用收益等利用的权能,则分属于其构成成员;此等团体全体的权利,与其构成成员之个别的权利,为团体规约总和统一,从而实现所有权的全部内容。[①] 简言之,总有是指将所有权的内容,依照团体内部的规约,加以分割,其管理、处分等支配的权能属于团体,而使用、收益等利用的权能,则分属于成员。[②]

因此,总有理论是一种日耳曼法意义的所有权制度。其与传统罗马法的所有权有着根本意义上的差别:在保持固定或长久财产权总有前提下,根据成员的团体身份,对团体财产权进行实质意义的分割,即根据成员权实现对所有权权能的分配,而不是按照罗马法根据个体的土地所有权人契约或法律规定或法律事实,实现对所有权权能的分割或分配。这体现了团体或集体作为土地所有权主体管理或支配土地所有权的特殊性和复杂性。如果按照罗马法对于所有权理解的视角来审

---

① 李宜琛:《日耳曼法概说》,中国政法大学出版社2003年版,第35页。

② 王利明、周友军:《成员集体所有在性质上类似于总有》,《农村经济管理》2017年第9期。

视具有总有性质或特点的所有权内容，就会产生这样的困惑：基于成员身份获得的宅基地使用权应解释为“类似所有权”“类似自物权”的权利。[①] 即我国集体土地（宅基地）使用权可以匹敌大陆法系意义上的所有权。对此，早就有学者指出：“土地使用权在我国发挥的是西方国家所有权所要发挥的土地资源在市场主体的首次分配的功能。可见，在功能上土地使用权完全可以与西方国家的土地所有权相匹敌。”[②]这种理论在实践中的困境，可以运用总有理论的归属和利用双重属性进行解释和论证。在这种理论指导下，农村集体所有权和资格权之间的关系也是总有关系。这也是我国集体成员对集体宅基地进行长期、永久使用的理论基础，即只要集体成员身份资质具备并具有居住需求，在法定条件下，其就具备长期而永久的使用权。这种权利属性无法完全用大陆法系中用益物权的概念进行解释，因为大陆法系的用益物权制度是根据契约关系设计的，并未考虑使用权人的成员身份权和居住保障权。

这一总有关系体现在法律权利上，就表现为成员权和资格权。在这个意义上，《民法典·物权编》第261条规定：农民集体所有的不动产和动产，属于本集体成员集体所有。这正是为了凸显成员与集体之间这种新型的总有关系。

（二）如何理解我国宅基地所有权内容类似于总有

事实上，我国农村集体土地所有权性质和特点，恰恰无法用罗马法

① 孙建伟：《建设用地置换视域下土地发展权的法理基础与制度构造》，《暨南学报（哲学社会科学版）》2017年第12期。

② 席志国：《民法典编纂视域中宅基地“三权分置”探究》，《行政管理改革》2018年第4期。

意义上的土地所有权理论进行论证,而与总有性质意义上所有权内容具有高度相似性。对此,孟勤国教授系统地总结了五个方面:(1) 总有财产由村落共同体管理和处分,村落共同体的成员对总有财产有使用和收益权,无管理和处分权;(2) 村落共同体是自然形成的,以一定的劳动和生活的区域为基础,体现村落共同体全体成员的共同生活关系;(3) 村落共同体成员脱离村落共同体即自然失去对总有财产的使用和收益权,加入村落共同体者即当然享有村落共同体成员的权利;(4) 村落共同体以一定的规则约束全体成员,村落共同体成员对于侵害自己的使用和收益权的行为,有权提起物权之诉;(5) 村落共同体成员对总有财产没有所有权份额,不能要求分割总有财产,脱离村落共同体者不能带走任何总有财产。[①] 经过系统研究,孟勤国教授认为"中国集体所有权的产生和发展并未受总有的影响,但总有似乎天生是为中国集体所有权准备的,这说明相同或相似的生活条件会产生相同或相似的法律规则"[②]。

王利明教授也认为我国物权法上的成员集体所有与总有存在诸多类似之处,具体体现为以下几个方面。第一,农民作为成员和集体共同对集体财产享有所有权,这与总有相类似。在总有之下,集体和成员都享有所有权,要对所有权进行质的分割。第二,集体财产的管理和处分需要得到全体农民的同意,或者通过表决的方式来决定。在总有之下,标的物的管理和处分也必须得到全体成员的同意,或者基于集体的规约,或通过多数表决来决定。第三,农民作为成员享有权利是以其身份为基础的。在总有之下,集体成员的使用收益权也与其成员的身份紧密联系在一起,因其身份的得丧而得丧。第四,农民对集体财产所享有

① 孟勤国:《物权法如何保护集体财产》,《法学》2006 年第 1 期。
② 孟勤国:《物权法如何保护集体财产》,《法学》2006 年第 1 期。

的权利是潜在份,不能请求分割。在总有之下,成员对总有财产的应有份额不具体划分,是潜在份,不能要求分割、继承或转让。[①] 笔者认为,宅基地土地所有权具有总有性质,而这种总有性质特征和内涵,正是认识和准确把握现行宅基地资格权和所有权关系的关键,即以成员的资格或身份来获取集体或共同体的土地等不动产利用权或使用权。这种集体不动产的使用权不是通过私人化的契约设定的,而更多的是通过国家法律来强制设定的。因此,其权利性质无法用用益物权来衡量。国内很多学者都已经认识到这个问题。本书重点讨论的正是总有关系的形成和制度化,尝试说明成员权或成员的资格权在所有权和宅基地使用权权利构造中起着非常关键的作用。可以说,没有这种总有关系,没有成员的资格权,就无法真正理解我国原来的或传统意义上的宅基地使用权。

(三) 运用新型总有解释宅基地三权分置体系

新型总有即排除传统社会中(尤其是封建社会)成员与集体人身依附关系,而借用传统总有制度中土地归属和利用混为一体的一种制度形态。以此来解释集体成员与集体在土地所有权归属和土地利用权合二为一的现象,主要有以下理由。

一是农民成员权是获取我国宅基地集体所有权的基础。因为,根据农民成员权的资质,集体成员有权获得宅基地使用权分配的权利,而且按照现行法律和政策的规定,宅基地使用权的获取不需要支付相应的对价,只需要具备成员权资质就有可能实现宅基地使用权的获取。借用彭诚信教授的观点:“主体资格的承认是权利产生的前提性要件,因为它意味着主体从此具有了权利能力,从而权利也才真正能够在法

① 王利明、周友军:《成员集体所有在性质上类似于总有》,《农村经济管理》2017年第9期。

律上存在。在主体资格没有被承认的社会中，无论有着多么发达的财产、契约制度，都不可能生发出权利制度。”[①]因此，在这个意义上，成员主体资格是获取我国农村宅基地的最基本的依据。

二是宅基地所有权的分割需要具备相应的有效的成员民主表决决策程序或机制。作为事关农村集体成员居住等宅基地使用权的财产权，其实现需要集体成员有效地平等参与，并在此基础上根据自己的利益诉求进行权利表达。而这其中最为关键的问题是如何设计有效的成员民主表决程序，以最大化地保障成员权利。对此，彭诚信教授认为："理论与实践现实要求超越传统理论而选择新的视角审视权利理论，尤其是要克服传统理论中的顽疾，出发点就是要克服仅靠本人或仅靠他人进行利益选择或利益衡量所带来的弊端，那就只有靠所有主体的共同参与、共同判断。由所有主体共同参与确立权利产生、适用的程序便是现代权利研究的新途径。”[②]成员的民主表决机制的有效行使，是新型总有关系得以运行和实现的合法性来源。

三是从权利现代化来看，根据总有关系形成的具有成员身份资格色彩浓厚的宅基地使用权，可以结合我国宅基地制度改革试点，不断创新和发展出相应的使用权。尤其是可以运用地上权或法定租赁权等理论，对其进行系统化或制度化的权利更新和发展，从而在权利层次构造模式上不断丰富和发展具有本土化意义的现代财产权。

对新型总有，应该将其放在我国宅基地法律制度环境下进行理解。这种制度环境有两大特点：一是我国农村集体土地所有权受国家公权力严格规制，而缺少独立自主的处分权；二是我国农村土地所有权成员权行使不充分。尽管我国物权法、村民组织法等基本法律规定了村民

---

① 彭诚信：《现代权利理论研究》，法律出版社 2017 年版，第 229 页。

② 彭诚信：《现代权利理论研究》，法律出版社 2017 年版，第 267 页。

的成员权和成员权行使的程序,但是囿于当前农村社会政治和文化等方面的限制,总有关系下具有"伙伴性"成员和集体之间的关系并没有完全有效形成。因此,现行立法不得不通过加强成员权、使用权物权化等方式来保障成员权的利益和法律地位。

三、总有制度的起源、演进及其启示

关于土地总有制度的探讨,可以追溯到近代日本学者在民法理论中对其进行的深入讨论和挖掘。欧美国家学者将总有视为一种集体所有制,但更倾向于关注私有制领域,这与他们的民法体系和理念是一致的,因此没有对总有制度进行更深入和细致的研究。古典的总有制度中存在成员对所有权的"双重分割":一方面是所有权的质性分割,即管理、处分等支配权能在团体和个体间分割,完全归于作为"实质性集体人"的团体;另一方面是所有权的量性分割,即使用、收益等经济权能在个体成员之间按约定进行分享。[①] 随着时间的推移,总有制度发展出两大支系。其一,随着日耳曼人入侵罗马,日耳曼法在与罗马法的融合中深受影响,总有团体的定位向法人转变,总有在法理上向法人所有过渡。[②] 其二,由于总有制度与日本传统村落共同体中的入会权具有内在的高度一致性,日本学者引进总有制度并将其作为入会权的法理依据。

(一)日耳曼法上的总有权

最初的总有制是德意志村庄社区中存在的所有权模式。公元前

① 陈明:《何谓"公有"?——土地产权制度改革的政治经济逻辑再认识》,《理论月刊》2021 年第 10 期。

② 参见史尚宽:《物权法论》,中国政法大学出版社 2000 年版,第 174—175 页。

50年左右,古日耳曼人的日常生活以畜牧业为主,农业次之,族人对土地每年轮流调换占有,任何人均无确定不变的土地所有权。具体而言,政府或各族族长将土地分给各血族团体,并每年进行相应之变更。由于当时的日耳曼人并未过上定居的生活模式,故在各血族团体内部奉行的是一种共同经济制度,而近代私有财产的观念也尚未萌芽。到了古日耳曼后期,族人过上定居的农耕生活,比血族团体范围更小的村落,依据耕作能力的不同,逐年测定土地并予以分配。此时,虽然耕地仍然会每年予以调换,但族人的居所是不用变换的。在这样的背景下,户长在墙垣围绕的一定范围内拥有专属的排他所有权,宅第私有权的概念就此产生。这样的社会生活状况,其实就是在土地总有制度下的村民对土地占有使用的一种具体实践模式,是村落自治的结果。在土地总有制度下,村落对于总有地(包括耕地)的管领力最强,而村民则基于宅地私有权对个人宅地的管领力最强。① 在恩格斯的叙述中,在日耳曼民族中自发生成的土地制度和社会组织被称为"马尔克",土地公有制是马尔克公社得以产生的基础性事实,马尔克社员拥有平等的土地份额和使用权,但公社仍对已分土地具有监督、调整以及其他一切剩余的权利。②

在17至19世纪的德国法律文献中,总有权(Gesamteigentum)的概念开始作为一种与罗马法相对立的、特殊的日耳曼法概念被提出。发展这一概念的原因是,日耳曼社会的共有财产并不适应以罗马法为基础的体系,在该体系下,唯一得到承认的共同体是基于共同所有权

---

① Vgl. Otto Gierke, *Das Deutsche Genossenschaftsrecht*, Weidmann Buchhandlung, 1868-1913; Heinrich Brunner, *Deutsche Rechtsgeschichte*, 4. Aufl., Duncker & Humblot, 2010.

② 参见中共中央马克思恩格斯列宁斯大林著作编译局编译:《马克思恩格斯全集》(第十九卷),人民出版社1963年版,第357—359页。

(Miteigentum)的团体(Communion)或法人团体。[①] 德意志村庄社区最初的总有权不同于罗马法的共同所有权,在总有关系中,财产所有者群体有权支配管理财产整体,而每个所有者群体的成员都有权要求其所拥有资产所产生的收益。[②] 但是,对罗马法理论的继受深刻影响了日耳曼总有制度的走向。教会团体对罗马法的大力推崇,以及日耳曼的民众裁判制度瓦解后,担任裁判官的人选多是深受罗马法教育与影响之人,其对罗马法理论的应用发挥了举足轻重的作用,这两大原因在现实层面深刻地影响了日耳曼民族的土地制度。一个重要的体现是,德意志村庄社区的村民组成了一个统一的集体实体,这个实体被称为"实质性集体人"(Genossenschaft),同时村民也保留了个人身份。因此,对村庄群体财产的管理权属于村庄实体本身,并且受村庄社区社会规范的制约。总有团体中成员持有的收益权,是一种不能与原村庄居民资格相分离的独立财产权。[③]

在德国法律文献中,19 世纪出现了采用罗马法的论点来反对总有制的声音,反对者认为总有制既烦琐也无法实现,并且与现实脱节。[④] 罗马法强调个人主义的优越性,即使存在共有关系,也重在凸显分割的可能性;日耳曼法的总有却以团体主义为基础,旨在维系团体组织的存续。在日耳曼法中,总有制度下的土地隶属血族团体全体,其享有支配和分割权,个人只能在被分配之土地上享有一段时间的占有使用权,而

---

① 参见 Susann Liin, "Community of Property-Back to the Roots", 29 *Juridica International* 12, 12-22(2020)。

② 参见 Takeo Kikkawa, *History of Innovative Entrepreneurs in Japan*, Springer, 2023, pp. 19-24。

③ Shigeaki Yasuoka, *Ownership and Management of Family Businesses: An International Comparison*, United Nations University Working Paper, 1982.

④ 参见 Susann Liin, "Community of Property-Back to the Roots", 29 *Juridica International* 12, 12-22(2020)。

对于未分割的总有土地(如未分配的牧场)只享有共同用益权。这里的团体所有权与罗马法上的所有权概念,并不相同:日耳曼法从现实关系出发,对物的事实上的占有意味着取得了所谓的私人所有权,当然,此种所有权并无绝对的排他支配权能,唯有在维护团体利益的前提下才能付诸实践;罗马法则将占有和所有权视为两个不同的概念。由于对罗马法一味推崇,总有制度故而在日耳曼法体系中也发生了一系列变化,例如在罗马法之共有权的基础上创设了没有具体份额、不允许自由处分的共有权,即现有德国民法典中的“共同共有”(Gesamthandeigentum)制度的前身。[①] 日耳曼的土地总有制度发展到后期,土地被分配得越发零散,甚至有越来越多的村民将分配到手的耕地筑墙以彰显个人私权。与此同时,村民的个人财富也随着农耕技术的不断进步而急剧增多,且财产分配呈现出不平等的发展趋势。此时,先前那种以血缘和身份为基础的经济生活模式逐渐被全新的私有财产制所取代,日耳曼法的总有制度最终走向消亡。

(二) 日本法上的入会权

在日本,总有制度与入会权紧密关联。“入会权”是指对入会地的权利,分为具有限制物权性质的适用地役权规定的入会权,以及入会权人拥有所有权的具有共有性质的入会权。[②] 入会地是指那些生产率不高,还不够入会集体成员各自主张私人独占使用,但是从整体上看还具有一定使用价值,为了确保土地再生产的循环,避免过度使用造成土地贫瘠,有必要把它放到入会集体的管理之下,排除其他村落共同体及其

① 参见 Otto Gierke, *Das Deutsche Genossenschaftsrecht*, Weidmann Buchhandlung, 1868-1913; Heinrich Brunner, *Deutsche Rechtsgeschichte*, 4. Aufl., Duncker & Humblot, 2010。

② 〔日〕加藤雅信:《“所有权”的诞生》,郑芙蓉译,法律出版社 2012 年版,第 102 页。

成员使用以确保其排他性的土地。《日本民法典》第294条和第263条对入会权进行了模糊规定，但均有“依从各地的习惯”的表述，因此是一种以习惯为第一法源的权利。有研究发现，日本村落成员即便没有耕种作物但仍有自觉管理土地的行为，这源自居住在当地的村民对自己一家土地背后的“总有”的村落地界内的土地共同的社会认同感和责任感，他们将其视为“我们自家的地盘”。[①]

日本的总有理论是在考察了本国入会团体实际样态的基础上，借助日耳曼的总有学说进行的理论性概括，其突破了古代日耳曼法上的总有内容，实现了理论逻辑与本土习惯的统一。[②] 最早在日本提出总有概念的是中田薰、石田文次郎等学者。他们发现集体成员是拥有各自权利的单一体，村落是依托成员人格支撑的独立综合体。这与日耳曼法中的“实在的综合人”高度相似，因而日本农村集体产权属于共有产权中的总有权。[③] 具体来说，村落是由彼此独立和平等的集体成员所组成的共同体，村落共同体拥有集体资产的所有、管理和处分权，集体成员享有使用和收益权；集体成员通过成员大会等程序实现对耕地、林场或水面的支配权，并由农民集体作为单一主体对外主张权利；集体成员的权利是基于他们作为集体成员的身份而获得的，集体成员不能处分自己的集体身份和相应的集体财产。川本彰认为日本社会的土地所有权与西方不同。他通过调查发现，在日本各地的农村里，许多村落社区有这种领地观念。其与私有、共有这些所有制概念最大的不同是

---

① 闫美芳：《从“总有”土地制度看日本山村的社区自治——基于对栃木县佐野市山区下秋山町内会的田野调查》，《日本学研究》2018年第1期。

② 参见李永燃、李永泉：《我国农民集体土地所有权的性质与构造——以日本民法上的入会权为借鉴》，《西南交通大学学报(社会科学版)》2010年第4期。

③ 参见曹斌：《日本农村集体产权制度的演进、特征与构成》，《中国农村经济》2020年第10期。

总有土地无法按照登记人员分割。[①] 从比较法意义上讲，日本的共同权利在法律上与英格兰和威尔士的共同权利不同，后者被定义为一个或多个人可能拥有的权利，可以获取或使用他人土地自然产出的一部分。而日本的共同权利是一种实物权(Sachenrecht)。[②]

(三)总有的历史启示与法理根源

当前，作为总有权残存的日本入会权已经踏上了变更乃至解体之路，[③]但以总有关系的原理来解释或改造我国集体土地所有权在我国现阶段社会仍具有历史价值。以新型总有关系来解释我国宅基地三权分置的构造，并不是要削足适履、生搬硬套日耳曼总有制度或日本入会权制度，而是要从中提炼出土地实践事实与制度生成演化的规律性认识，为宅基地三权分置尤其是资格权的法律性质和效果认定提供启发。笔者认为，其至少有三点启发。第一，所有权可以在作为完整实体的团体法人和作为其构成性来源的成员之间共存和进行权能分割。第二，所有权受财产权制度及其法律效果的特殊限制，须根据特定历史地理下的习惯、环境等实际因素进行个别化的确定。也就是说，理论逻辑与制度构造会根据具体实践需求进行融合、平衡和再造。第三，通过在集体与成员之间进行所有权的分割，可以有效解决团体身份封闭性与财产价值开放性之间的矛盾。

总有制度不仅具有深厚的实践基础，也具备坚实的学理支撑。按照我妻荣教授等日本学者的归纳，大陆法系传统民法理论中的多人共

---

① 川本彰『むらの领域と農業』(家の光協会、1983)234頁。

② Takeshi Murota, *A New Role of Common Spaces for Environmental Conservation in Japan*, 12th IASC, 2008, p. 8.

③ 参见好美清光=米倉明编『民法読本Ⅰ·總則·物權法』(有斐閣、1981)213頁。

有可以分为总有、合有和狭义的共有三种形态。[①] 其中,总有是将所有权内容加以分割,使财产的管理、处分等支配的权能归属团体,而使用、收益等利用的权能分属于团体成员的形态。成员对财产没有份额,因此不具有分割请求权。而在合有中,成员同样拥有对财产的收益权,对于财产整体的管理处分权能也属于团体,但与总有相区别的是,合有人对财产享有份额,只不过对财产的分割和对份额的处分受很强的限制,唯有在退出团体等特殊情况下才能请求分割。狭义的共有则不形成团体,共有人之间仅存在偶然的纽带,各自对自己的份额享有自由的处分权和收益权。

可见,上述三种共同所有的形态是以主体间结合的强弱程度为标准进行的划分,而总有是团体性最强的形态,在财产权领域展现出处理集体行动难题的独特能力。其关键就在于将所有权置于团体与团体成员的自发需求中进行利益的平衡与切割。可惜的是,这种精妙的构造在以罗马法为逻辑蓝本、以私有制为理念核心的近代法律中逐渐淡出。谢在全先生认为,总有的"所有权之管理权能与收益权能分属于村落团体与村民,为所有权质的分割,故与近代所有权为完全支配者,完全异趣"[②]。事实上,在以土地公有制为基础制度的社会主义新中国,总有在农村集体土地所有制的环境下理应具备生存和发展的土壤和环境。

四、新型总有与所有权的关系

以总有的法理基础为依托,根据我国农村社会的独特条件对传统

---

① 我妻栄=有泉亨=川井健『民法總則・物權法・債權』(勁草書房、2008)458 頁。

② 谢在全:《民法物权论》(上册),中国政法大学出版社 2011 年版,第 325 页。

的总有制度进行本土化、现代化改造，可以将我国宅基地土地的应然发展方向归结为新型总有关系，其规范内核与我国农村土地所有权制度实践具有高度的内在契合性。新型总有之所以“新”，最重要的原因就在于我国特殊的国情背景，即宅基地的相关权利受土地规划等公共权力的影响较大，呈现出独特性质。

（一）“成员集体所有”可推导出总有关系

对于集体土地所有权的性质界定问题，我国物权法采纳了“成员集体所有”的表述。王利明教授等学者认为应当将其解释为采取了类似于总有的立场。其一，总有关系中的团体和成员都享有所有权，对所有权进行质的分割。我国农民作为成员和集体共同对集体财产享有所有权，这与总有相似。其二，总有财产的管理和处分必须得到全体成员的同意，或者基于团体的规约，或者通过多数决来决定，而我国集体财产的管理和处分也需要得到农民全体的同意，或者通过表决的方式来决定。其三，总有关系中，团体成员的使用收益权与其成员的身份联系密切，因其身份的得丧而得丧，而我国农民作为成员享有的权利正是依托其集体成员的身份。其四，总有关系中，成员对总有财产的应有份是潜在份，不能要求分割或转让，我国农民对集体财产所享有的权利也有此特征。[①] 不过，还必须认识到我国集体土地制度在改革转型时期具有总有关系上的特殊张力，例如集体成员的土地权利一方面仍要受公法上的各种限制，另一方面又要尽可能突破使用权的封闭性流转限制，以贯彻“适度放活宅基地使用权”的改革方向。

有观点反对用总有关系解释农村社会特殊的土地所有权。例如，

---

① 参见王利明、周友军：《论我国农村土地权利制度的完善》，《中国法学》2012 年第 1 期。

有论者认为“2007年《物权法》第59条‘成员集体所有’的表述看起来更像是采纳了新型总有说。但‘总有’本身是一种权利义务关系并不明晰的产权安排,并不适应深化农村土地制度改革背景下产权明晰的要求”①。这种批评在逻辑上值得商榷。如前所述,总有最重要的功能是为处理集体及其成员的所有权分割问题提供理论根据,而其中的相关权利义务安排并非静态一成不变的,本身就要根据客观的本土实际和制度环境进行探索、充实和细化,这正是处理好“顶层设计与实践探索的关系”②的必然要求。事实上,《民法典》第260条沿用“成员集体所有”的规定,已经为这种产权安排的具体化、明晰化确立了总基调,但如果忽视集体与成员之间针对土地财产形成的总有关系,就容易在农村集体经济组织这一“特别法人”的表象下导致架空集体成员权利的危险。“农村集体的财产只有在法律上确认为成员集体所有,才能密切集体成员和财产之间的关系,防止集体组织的负责人滥用集体的名义侵吞集体财产或者损害集体成员的利益。”③

(二) 总有关系在历史环境中动态发展

有观点如此论述:“总有为封建社会的制度,其身份属性也是封建的身份依附关系,而集体所有权中成员的身份属性源自平等的成员共同体,其内部关系需要贯彻国家政策、接受国家公权力监督,同时还需要有相应组织作为市场主体激发土地活力。总有倾向于一种封建社会的地域性自治团体的结构安排,具有较强的封闭性,这种封闭性使其无

① 宋志红:《论农民集体与农村集体经济组织的关系》,《中国法学》2021年第3期。

② 习近平:《推进中国式现代化需要处理好若干重大关系》,《求是》2023年第19期。

③ 王利明:《物权法研究(下卷)》(第四版),中国人民大学出版社2016年版,第515页。

法处理外部关系。”①笔者认为，这种观点不仅是对总有关系本身的误读，也是对总有关系在我国农村集体土地上适用的误读。将总有定性为封建社会的制度、将总有关系下的身份属性定性为封建的身份依附关系，仍然是一种没有用动态发展眼光看问题的错误观点。日本学术界和司法界为了弥合其农村集体产权与罗马法理论的隔阂，普遍借鉴日耳曼法的总有理论来解释日本《民法典》规定的入会权，难道他们就是主张回到封建社会吗？事实上，总有团体所谓的“封闭性”，是“为了保证村落共同体的小公法人性而由所有人制定的一种法律措施”，②其上的身份资格限定恰恰是为了保护相对弱势的集体成员的一种制度设计，这对于我国农民集体所有权的制度完善具有重要借鉴意义。

同理，有观点认为，“日耳曼法上的所有权并非纯粹私法上的权利，其土地所有权中含有土地管理支配权能的成分……我国所有权制度深受罗马法传统的影响，集体土地所有权也只是每个集体所有权主体所享有的一种‘私权’……既然我国集体土地所有权是一种民事权利，则其与日耳曼法中的总有权在权利属性上也不相容”③。这种观点因忽视我国农民集体所有权身份属性、生搬硬套罗马法而忽视我国具体实际也缺乏理论与实践支持。

（三）总有关系并不抵触法人制和公有制

有论者将集体土地所有权主体形式的法人制度与总有制度相对立起来，认为总有“是多数人所结合但尚未形成法律人格的共同体”，“只

---

① 李国强、朱晓慧：《农村集体经济组织法人的治理机制研究》，《财经法学》2022年第1期。

② 〔日〕加藤雅信：《“所有权”的诞生》，郑芙蓉译，法律出版社2012年版，第109—110页。

③ 高飞：《论集体土地所有权主体之民法构造》，《法商研究》2009年第4期。

要承认总有不具有法人资格，即使将其认定为非法人形态，仍然摆脱不了最终走向总有主体成为成员个人单独所有的困境……与我国坚持的生产资料的社会主义公有制相矛盾"[①]。这一观点是站不住脚的。一方面，总有关系并不必然排斥法人资格。"总有是一种特殊的所有权形态，法人是一种民事主体，两者构不成因果关系。"[②]传统意义上法人财产与成员财产之分割，实质在于以确定的范围将法人的经营风险与成员相隔离，但成员基于出资等关系参与管理、分配收益并取得法人终止后的剩余财产，意味着法人财产在最终归属意义上仍属于其股东成员。该问题的根本在于如何让集体成员在与法人的财产关系上找到民事权利的联结点。事实上，我国《民法典》第 96 条将农村集体经济组织法人界定为"特别法人"，为相关问题留下了充足的解释空间。所谓特别法人的特别效果正是源于作为制度基础的集体所有制，而集体所有承载了保障粮食安全、农民社会保障等政治功能，农村集体经济组织具有封闭性和公益性，不同于一般的营利法人或公益法人。[③] 我国相关政策和法律文件中的"农民集体"和"农村集体经济组织"并非同一概念，前者性质上属于总有团体，后者则属于集体财产所有权行使主体。[④] 总之，基于总有关系的集体所有财产之最终处分和管理权限在于集体，加之受特别法人制度的制约，并不会异化为成员个人单独所有。

实际上，相较于共有、合有，总有恰恰是团体性最强的形态，其在集体利益与成员利益相一致的范围内，允许成员行使相对个别的权利，而

---

① 高飞：《论集体土地所有权主体之民法构造》，《法商研究》2009 年第 4 期。

② 孟勤国：《物权法如何保护集体财产》，《法学》2006 年第 1 期。

③ 参见曹相见：《农村集体经济组织特别法人的特别效果》，《法学论坛》2023 年第 2 期。

④ 温世扬：《从集体成员权到法人成员权——农村集体经济组织法人成员权的内容构造》，《武汉大学学报(哲学社会科学版)》2022 年第 4 期。

这种利用财产的权利又必须受集体利益的制约，高度契合公有制的价值取向和逻辑原理。作为对照，全民所有制采取国家所有权这种特殊形式，是因为客观上不可能由整个社会来管理财产、由全部社会成员来共同使用生产资料并分配财产收益；但农村集体所有制恰恰就是在集体范围内由全体集体成员共同占有、使用生产资料并分配财产收益。“那种认为公有不能采取共同所有权，只能单纯属于一个组织所有，否则就会导致私有制的观点是片面的……问题的关键在于采取何种形式的共同所有，只要形式得当，是不会把公有制变为私有，把集体所有权变为个人所有权的，相反，还会促进公有制的发展壮大和集体所有权的实现。”[①]事实上，在我国农村集体土地特殊的制度背景下对总有制度进行本土化改造，在坚持宅基地集体所有的前提下使之适应我国特定国情，正彰显社会主义公有制。

由此，笔者认为适应我国本土实际的新型总有关系需要考虑如下两个方面：第一，我国农村的集体土地所有权受国家公共权力的严格约束，国家有权通过规划权和用途管制权来限制宅基地的开发和利用，但这种限制必须是合理的；第二，受限于当前农村社会、政治和文化发展阶段，成员与集体之间的民主决策机制尚未得到充分建立和完善，成员应当具备有效的程序和渠道根据自己的利益诉求来进行权利表达。[②] 集体成员的权利和权力过少、过弱的情况与集体所有权缺少理论依据有关，而总有解释了集体成员的权利和权力的基础、性质和内容。集体组织必须实行共同决策，民主管理，村务、企务公开，且集体组织干部的管理行为必

---

① 韩松：《我国农民集体所有权的享有形式》，《法律科学（西北政法大学学报）》1993年第3期。

② 参见孙建伟：《宅基地“三权分置”中资格权、使用权定性辨析——兼与席志国副教授商榷》，《政治与法律》2019年第1期。

须置于集体成员的监督之下。[①]“以总有性入会权之总有理论解释我国农民集体土地所有权性质，的确有利于明确我国农村土地的权利主体定位，同时亦有利于解决我国农村土地的权属纠纷问题。”[②]

五、新型总有与资格权的关系

新型总有关系是资格权独立的法理基础。前文述及，资格权是兼具身份与财产属性的准自物权。笔者认为，资格权本质上就是根据新型总有关系，集体成员行使宅基地分配、占有、使用以及处分等财产权。

（一）所有权基于总有关系蕴含资格权

新型总有关系以务实的方式妥善处理了作为整体的集体与作为部分的成员之辩证关系，创造性地打破了罗马法绝对所有权的静态僵化逻辑，通过管理处分权能和收益使用权能在集体与成员之间的切割分配，在保持法律结构稳定性的前提下实现灵活的政策效果。在中央提出宅基地资格权之前的二元权利结构时期，集体所有权的形成和制度功能中其实已经蕴含了集体成员的资格权，只不过在法律规范仅明文规定了宅基地所有权和宅基地使用权的二权分离构架下，这种承载公法管理限制的身份性成员权更集中表现在宅基地使用权制度的构建中。[③] 但必须看到，这种身份资格限制是通过《民法典》第363条转介条款间接实现的，因而在私法规范上解释宅基地三权分置的构造及其权利性质就有

① 参见孟勤国：《物权法如何保护集体财产》，《法学》2006年第1期。

② 朱涛：《论农民集体土地所有权之主体定位》，《人民论坛·学术前沿》2019年第22期。

③ 孙建伟：《宅基地“三权分置”中资格权、使用权定性辨析——兼与席志国副教授商榷》，《政治与法律》2019年第1期。

了因时而变的机动空间。宅基地资格权须基于成员权取得，但本身具有财产权的内容，如农户基于此享有宅基地收益分配的请求权。

农村集体土地的总有关系是以共同体的存续为前提的，这正是“落实宅基地集体所有权”的体现。在我国农村土地的特定条件下，由集体管理、对成员的权利加以一定的限制，排除集体成员以外的人获得土地财产的最终权利，显然是必不可少的。这种特殊的功能需求恰恰是总有关系诞生和发展的动因。“村落如果在一定程度上发挥了生产共同体的功能的话，那么就会产生转让受到限制的所有权。”[①]所以，“资格权作为取得宅基地的资格，本来就是集体土地所有权制度的当然含义”[②]。

（二）农村集体成员权与资格权的关系

在新型总有关系的背景下该如何理解成员权呢？成员权作为我国团体性或共同体性的农村集体的人格化要素，是集体财产共同所有和利用的主体性元素。没有成员，也就没有所谓的集体，更无法形成集体的财产权；相反，没有集体，成员身份就无从谈起。两者相辅相成，不可分割，互为依托。[③] 成员权是集体成员根据集体规约和法律对集体财产所享有的共同所有和利用的一种身份权。集体团体性的制度设计，是为了更好地促进成员个人财产权的实现。正如彭诚信教授所言：“正是作为独立的法律主体，团体才能以自己的名义进行各种经济活动和生活交往，从根本上说，这是人的基本权利得到法律认可和尊重的表现。或者说，法律团体主体制度的设计更有利于自然人实现其基本

① 〔日〕加藤雅信：《“所有权”的诞生》，郑芙蓉译，法律出版社 2012 年版，第 123 页。

② 李凤章、赵杰：《农户宅基地资格权的规范分析》，《行政管理改革》2018 年第 4 期。

③ 参见陈小君：《我国涉农民事权利入民法典物权编之思考》，《广东社会科学》2018 年第 1 期。

权利。"[①]因此,成员权的设计就是为了更好地保障集体土地以及集体资产更好地为本集体成员所拥有和利用,并在此基础上更好保障其增值收益,促进集体财产和成员财产利益最大化。这其中有一个问题需要探讨,即集体成员权与资格权是什么关系?

笔者认为,成员权是总有关系中为处理集体与成员关系的一种基本权利,包括对集体资产、资源、资本等"三资"集体所有与成员利用的关系处理,也包括非财产权关系的处理,如集体成员养老、居住等问题的解决。资格权和承包权都是成员权在集体宅基地和承包地的分配权具体体现。在总有的法律关系中,成员权是基于总有关系,对所有权进行共同所有和分别利用的一种法权关系,其是相对于所有权和使用权的一种独立的权利体系。我国"在立法上农村集体经济组织的成员权一直存在明显缺失"[②],使我国农村集体的资格权更多地被长期隐含在宅基地使用权(承包经营权)中,并导致我国宅基地使用权承载集体成员权和使用权的双重负担。

(三) 资格权作为法律权利的形式逻辑

为了将宅基地资格权顺利地从政策话语上升为法律概念,需要在权利的形式逻辑层面明晰其内涵。对此,可以借用霍菲尔德的权利分析理论帮助厘清资格权的含义。霍菲尔德提出八个基本法律概念来界定法律关系。[③] 笔者尝试用霍菲尔德的术语来描述资格权所指向的若干法律关系。第一,(狭义)权利—义务(claim - duty)关系,即资格权

---

① 彭诚信:《现代权利理论研究》,法律出版社 2017 年版,第 236 页。

② 参见陈小君:《我国涉农民事权利入民法典物权编之思考》,《广东社会科学》2018 年第 1 期。

③ 参见刘杨:《基本法律概念的构建与诠释——以权利与权力的关系为重心》,《中国社会科学》2018 年第 9 期。

人有权利要求其他主体不侵占其宅基地、不妨害其对于宅基地的任意行为，其他主体有义务不侵占其宅基地、不妨碍资格权人对其宅基地的任意行为。第二，自由—无权利（privilege - no-right）关系，即资格权人有自由对其宅基地进行任意行为，其他主体无权利要求资格权人不进行相关行为。这存在一些例外情形，如资格权人要受制于国家或集体依法对土地用途等进行的规划；在相邻关系中，对宅基地的行为不能影响邻居的安宁生活；等等。第三，权力—责任（power - liability）关系，即资格权人有权力依法处分其宅基地使用权，其他主体有责任承受因资格权人的处分行为而产生的法律关系。第四，豁免—无权力（immunity - disability）关系，即除集体以外的其他主体无权力处分资格权人的宅基地，这样的处分行为对资格权人不产生法律效力，即资格权人具有对抗他人处分行为的豁免权。

对此，尤其要强调第三类法律关系，即农户经由新型总有关系从农村集体所有制土地中获得宅基地资格权后，不仅享有排他性支配宅基地的权利，还拥有通过契约再许可他人使用宅基地的权利，即资格权人具备在宅基地上创设新的法律关系的能力。当然，宅基地的最终用途必须符合相关法律规定。而农村集体保留对宅基地的最终剩余权，以体现其所有权人地位。在此意义上，宅基地资格权蕴含的处分权能是一种有限度的处分：其一，农户对集体土地拥有的是一种不可划分的财产权利潜在份，因而农户作为集体的成员，无权从整个集体财产的层面转让宅基地的全部权利；其二，资格权必须以成员资格为前提条件，且受集体的团体性约束和管理，因而农户如果要向集体以外的人处分宅基地，仅能依法处分自身基于资格权而获取和享有的宅基地使用权，而不能直接让与其资格权。换句话说，这种处分主要是在宅基地上设立物权性负担的行为，最终呈现的法律效果凸显出宅基地使用权作为纯粹财产属性用益物权的性质。农户对宅基地的有限度的处分权，正是我国农村特定条件和制度环境下的新型总有关系的体现。

（四）集体成员资格权的潜在份额问题

在总有制度下，我国农村集体成员“不是集体土地的私有者，不享有对集体土地的私人的、个人的所有权，也不享有对集体土地的最终所有权……不像按份共有那样，共有者之间有明确的应有份额，也不像共同共有那样，在共有关系终止时就要分割为单独所有，而是在集体所有中每个集体成员都有平等的权利，具有抽象的潜在的应有份”①。但是，日本学者小川竹一教授认为中国农村集体土地呈现出由农户个体化利用和使用的契约化制度事实，因而将其称为具有“持份权之总有”特征的所有权。那么，所谓持份权总有，究竟是总有的一种形态，还是对总有的背离？

问题的关键在于如何理解总有制度的“份额”。对此，法理根源正是资格权具有财产性和身份性的双重品格。换句话说，宅基地资格权是与成员身份绑定的财产权，因此，资格权人一方面可以排他性地独自占有使用物理上划分出来的特定的宅基地资源，在客观上显示出“份额”的表象，另一方面又不能突破集体所有权的刚性身份约束而将其资格权涵摄的宅基地从集体财产中分割出来进行让与处分。这种将所有权按照身份属性进行分割分配、将身份关系建立于团体纽带并予以封闭整合的制度，其实就是新型总有关系。它没有突破总有制度的普遍框架，却在我国的本土环境条件下呈现出一定的特殊性。

① 韩松：《我国民法典物权编应当界定农民集体所有权类型的本质属性》，《四川大学学报（哲学社会科学版）》2019 年第 3 期。

(五) 通过总有将资格权纳入准自物权范畴

集体与成员之间是整体与组成部分的关系，而新型总有则调和了集体权利与成员权利之间的关系。对此，应当以准自物权来理解从宅基地所有权中剥离出来的资格权。有论者认为："农民集体成员享有的土地利用权即土地承包经营权与集体所有的土地所有权是他物权与自物权的关系，这与日耳曼法总有中所有权与他物权不分的情况截然不同。"①这种观点把农村集体成员基于身份获得的土地财产权错误地界定为他物权，并以此否定总有关系的适用性。成员本身是集体的一部分，如果以他物权来定义从集体所有权中分离出来的资格权，意味着在法理上要把成员和成员所构成的集体对立起来，这不利于农户权利的保障。

事实上，如果把宅基地三权分置中的资格权解释为新型总有关系下的准自物权，问题便迎刃而解。在日耳曼法的总有制度中，"农民对土地利用权，除受血族身份关系之限制与因公法上服从关系或私法上的契约关系之限制外，与所有权之本质上并无不同"②。可见，虽然日耳曼总有制度下财产的管理支配受制于团体，但团体成员的权利具有强烈的准自物权色彩。其实，把物权划分为自物权和他物权的做法，本身就是罗马法的传统，虽然日耳曼法最初的总有制度没有明确提出所有权、自物权和他物权这些概念，但并不代表总有制度与罗马法物权体系之间没有衔接融贯的空间。

---

① 高飞：《论集体土地所有权主体之民法构造》，《法商研究》2009 年第 4 期。

② 参见[日]石田文次郎：《土地总有权史论》，印斗如译，"中国地政研究所"，台湾土地银行 1970 年版，第 106—107 页。

六、新型总有与使用权的关系

自2019年《土地管理法》修订后，宅基地三权分置中的使用权实际上新增了他人通过民事契约等法律事实从集体成员（资格权人）处流转获取使用权的内涵，而不仅仅是指宅基地成员依据其身份资格获取的使用权。

（一）使用权体现从身份到契约的转型

赋予农民更多财产权的过程也是农村社会结构不断发生转型的过程，尤其是从身份性质的财产权（资格权）向基于契约关系获得使用权的过程，呈现出我国宅基地物权制度构建的独特性和本土性。实际上，这和总有制度的发展演进规律是高度一致的。从比较法来看，随着第一产业的衰退，以第一产业为基础的村落共同体开始解体，日本的入会权响应村落社会构造的变化从传统的共同使用转向团体的直接使用、个人的分割使用以及依据合同的使用。“入会权最终将随着农林业的高度化、农村土地的休闲娱乐化而消亡。”[①]“在入会权的解体过程中，它逐渐转化为个人的分割使用。由于这是一个长时间的提高私人所有权属性的转移过程，所以在这个转移过程中在这些土地上应该也存在过转让对象受到限制的情况。”[②]换句话说，作为一种过渡阶段的安排，入会权在分割至个人以提高自身私权性时，存在使用权流转对象被限定的情形，这和我国提出三权分置前宅基地使用权流转受身份限制的情况具有高度相似性，只是原因、根据不同，前者更多是基于民间习惯，

---

① ［日］加藤雅信：《“所有权”的诞生》，郑芙蓉译，法律出版社2012年版，第122页。

② ［日］加藤雅信：《“所有权”的诞生》，郑芙蓉译，法律出版社2012年版，第119页。

后者则更多是基于公共政策。但是，随着产业结构等经济基础的深刻变化，盘活利用土地的方式最终都会发生实践和观念上的革新，产权制度也会相应地跟进、回应时代的需求。我国农村宅基地的利用同样会逐渐摆脱身份属性，转向基于现代契约意思自治的市场化流转；在当前阶段，这个任务正由三权分置后的宅基地使用权来完成。

"财产变革常常引起身份的变革，或者说，财产变革通常与身份变革联袂而行。这二者构成了近代变革的主旋律。人们在获得了财产权利的同时，也打碎了重重身份上的铁链。"①因此，当社会背景已经发生变化时，宅基地使用权应当在管制与自治之间取得平衡。"从国家管制而言，必须着眼于未来，在坚持农地用途管制的前提下，放松对宅基地使用权流转的管制，尊重权利人的自由意志，使其真正实现从身份到契约的嬗变。"②在这一背景下，宅基地使用权应当突出纯粹的财产权内核，承认农户的意思自治。"如果说禁止房屋和宅基地的村外转让是为了维护农民生存根基和城市房地产业的健康发展的话，严格限定村民房屋和宅基地的村外出租和赠与则不符合财产法的基本要求，财产权的核心理念就是尊重当事人的意思。既然要对农民的土地权益给予财产权式样的保护就应当最大程度上尊重农民的自由意思，过多的管制无疑限制了村民财产权的实现。"③意思自治的重要载体就是契约。"作为财产权的一种形式，所有权的权能可以被分解和分离，或者说，所有者并不一定享有物的全部权利，物的某些权利可能通过法律的

---

① 郑永流：《当代中国农村法律发展道路探索》，中国政法大学出版社 2004 年版，第 32 页。

② 陆剑：《我国农地使用权流转法律制度研究》，中国政法大学出版社 2014 年版，第 218 页。

③ 陆剑：《我国农地使用权流转法律制度建构的前提追问与路径规划》，载《私法研究》第 15 卷，法律出版社 2014 年版。

特别规定或合同的特别约定而属于他人。”①宅基地使用权通过农户的市场化行为从新型总有关系下的资格权中衍生出来，体现从身份到契约的转型。

（二）使用权流转与农村财产权结构再塑造

某种意义上，宅基地使用权这种迈向市场化配置的财产权在法律实践中仍受宅基地资格权这种基于身份关系的财产权的制约，这正是由于三权分置路径共识不清晰所导致。宅基地使用权长期以来捆绑身份属性而受到制度制约，如今依然在学理乃至规范层面残存身份性色彩，成为掣肘土地要素市场化配置制度改革的障碍。实际上，三权分置路径就是通过解构原宅基地使用权的权利，将其分解成新的宅基地使用权和宅基地资格权，使新的宅基地使用权实现自由流转，而宅基地资格权在保留身份属性的同时实现居住保障政策功能，这正是一种解决宅基地使用权流转问题的富有智慧的尝试方案。②

宅基地使用权这种单纯的财产权从宅基地资格权这种保障性权利中剥离出来，就是为了实现充分市场化。③ 强调市场化流转的财产权与强调身份性居住保障的财产权分别体现为宅基地使用权和宅基地资格权，两者的协调正是三权分置的目的。“宅基地‘三权分置’改革方案从经济学产权解构的理论借鉴而来，兼顾了财产属性和保障属性，对‘放开’‘限制’两方面的需求都有所考虑，既回应了对‘风险’的担忧，

---

① 王涌：《私权的分析与建构：民法的分析法学基础》，北京大学出版社2020年版，第230页。

② 参见董新辉：《宅基地使用权流转制度的困境、出路与重塑》，《学术交流》2018年第9期。

③ 参见于霄：《农村土地流转：政策性概念到规范性概念》，《法制与社会发展》2023年第5期。

在保障农村社会稳定的前提下,有条件放活宅基地使用权的入市流转,又关切了对农民财产权益的保护和实现。"①这是完善农村土地产权制度的正确可行路径。

原有的社会背景已经发生变化,农村财产权结构也应随之变化。我国农村集体所有制度背后的支撑是新型总有关系,但它在现代社会呈现出很多新特点。"我国农地集体所有制度是特定环境下生产的产物,并对所生产的环境产生了一定的路径依赖,而当周边制度环境已经发生了根本性变化的情形下,继续强调甚至强化该种'城乡分割、一国两策'的治理策略、农村集体土地和城市国有土地的两分格局,将对我国农地使用权流转行为产生根本性的制约。"②在现代市场条件下,农户实际上控制掌握宅基地,且资格权在自动续期的背景下越来越向准自物权方向演化,在此前提下宅基地使用权面向广阔的土地要素市场进行更高效的流转配置,这种趋势与我国社会主义公有制并不矛盾。"国家所有制只是社会主义初级阶段的一种过渡性安排,集体所有制更是国家所有制的一种例外性安排。二者都不是公有制的必然形式,更不代表社会主义公有制本身……一切具有平等联合、劳动解放、共同所有、利益共享特征的经济形式都符合现代公有制的标准,甚至更贴近经典马克思主义中社会所有制的本质特征。"③

必须要强调的是,尽管总有制度在现代市场经济条件下走向消亡是一种趋势,但在农村集体所有制条件下通过三权分置发挥总有的过渡价值也是极其必要的。这是因为总有制度最终会被现代的产权结构

① 董新辉:《新中国70年宅基地使用权流转:制度变迁、现实困境、改革方向》,《中国农村经济》2019年第6期。

② 陆剑:《我国农地使用权流转法律制度研究》,中国政法大学出版社2014年版,第103页。

③ 陈明:《何谓"公有"?——土地产权制度改革的政治经济逻辑再认识》,《理论月刊》2021年第10期。

所取代,唯有在以资格权连接集体所有权与市场化使用权的长久过渡中,才能有效保障农户的生存权发展权并保持农村社会的稳定,尤其是在经济转型、结构调整乃至发生风险事件的时期,这种“稳定器”作用会更加显著。简言之,以新型总有关系为法理依据推行宅基地三权分置,具有非常大的制度价值和过渡价值。应给予这种“过渡价值”高度重视,并应充分挖掘其制度功效。

第三章 资格权入法后三权分置的逻辑结构与权利性质之重塑

三权分置在农地和宅基地等领域得到广泛运用,其核心内涵就是在坚持集体土地所有权的前提下,将原来的农地承包经营权和宅基地使用权中的集体成员的身份性要素独立出来作为一种单独予以保护的权利,在此基础上,进一步推进财产性要素——农地经营权和宅基地使用权市场化配置,为进一步推动农村土地要素市场化改革提供法权基础。这既有利于土地财产价值与特殊保障职能的实现,也有力维护了农村集体所有制的基础与发展。[①] 从这个意义上而言,农村集体土地所有制面临一次重大而富有深远意义的改革,即土地财产权有源于集体成员身份获得的农地承包经营权和宅基地资格权,以及源于契约获得的农地经营权和宅基地使用权。[②] 但是,考虑到宅基地与农地在土地性质、土地收益等方面的差异,尤其是相关制度上的差异有时决定了三权运行机制存在很大的不同,进而影响相关权利的定性,有必要关注宅基地资格权的性质定位及其与集体所有权和使用权的关系问题。农

---

① 参见房绍坤、袁晓燕:《农村集体经济组织特别法人制度建构》,《上海政法学院学报(法治论丛)》2021 年第 3 期。

② 孙建伟:《宅基地“三权分置”中资格权、使用权定性辨析——兼与席志国副教授商榷》,《政治与法律》2019 年第 1 期。

地承包经营权相关研究的基本观点和基本理论，也可以用来支撑宅基地资格权的论证。

一、基于身份获得的财产权与基于契约获得的财产权双重构建模式

关于集体成员的身份性要素的财产权——宅基地资格权的法律性质，学界争议比较大。成员权说认为，宅基地资格权是农户要求集体分配宅基地的权利，是成员权的组成部分等。① 笔者认为，宅基地资格权本身不是成员权，而是根据成员权获得宅基地上的一种财产权益，"是根据自己在集体中的成员权取得的地权"②。还有论者认为，它是一种特殊的用益物权。"我国的农地'三权分置'与传统的用益物权有所区别。《民法典》第 323 条规定了用益物权是用益物权人对'他人所有'财产享有的权利……我国的农地'三权分置'并非传统意义上对'他人所有'享有的权利，而是对自己所在集体的财产享有的权利。恰恰是基于其集体成员的身份，农民才享有土地承包权和宅基地的成员权。因此，农地'三权分置'突破了对'他人所有'享有权利的传统用益物权的限制，是具有中国特色的用益物权制度，即用益物权人对自己所在集体组织、单位的土地享有的权利。"③笔者认为，这种观点看到了宅基地资格权的特殊性，但能否将其界定为一种特殊的用益物权还有商榷的空间。

---

① 参见宋志红：《宅基地资格权：内涵、实践探索与制度构建》，《法学评论》2021 年第 1 期。

② 孙宪忠：《推进农地"三权分置"经营模式的立法研究》，《中国社会科学》2016 年第 7 期。

③ 刘士国、陈紫燕：《"三权分置"的理论突破与未来方向》，《探索与争鸣》2022 年第 6 期。

如何审视将宅基地定位为特殊的用益物权或成员权这两种截然不同的立场、观点?资格权入法后究竟在三权分置中处于何种地位?宅基地所有权、资格权、使用权应以何种逻辑构造呈现?笔者认为,宅基地资格权既不是成员权也不应界定为特殊的用益物权,而应该通过新型总有理论,将其纳入准自物权的范畴。尽管对资格权的定位有几种类型,但是笔者认为较为根本的是将宅基地资格权定位在新型总有关系背景下的集体所有权在农户或农民个体等领域的一种实现形式,并尝试将资格权界定为一种类似于所有权的准自物权,只有按照这种思路来推动宅基地三权分置,才有可能更为准确且富有制度生命力。

进而言之,在这个前提下,才有可能将宅基地三权分置后的使用权更为彻底和更为纯粹地界定为一种独立的用益物权,才有可能更为彻底地实现宅基地要素市场化配置,才有可能更为彻底地实现去身份化和财产权化。权利分置主要是解决所有权权能的纵向分配问题,但资格权与所有权、使用权的属性差异和逻辑关联的内在法理依据对权利配置理论产生重要影响,甚至是决定性的影响。这是因为,只有解决好所有权内部的和谐高效问题,才有可能将真正的用益物权独立出来,进而为宅基地产权市场化配置提供坚实的制度性支持。对此,本书将在宅基地资格权界定为准自物权的基础上,论证宅基地三权分置的逻辑构造与权利性质。

(一)宅基地使用权的规范背景发生改变

2018年中央一号文件《中共中央 国务院关于实施乡村振兴战略的意见》提出的“探索宅基地所有权、资格权、使用权‘三权分置’”政策方针,应放到完善产权制度、推进土地要素市场化配置的背景下认识。产权是一个跨学科概念,既可以从法律维度将其定义为一组可选择、可支配、可保护的权利,也可以从关系维度将其定义为围绕财产所形成的利益关系和权利关系。[①] 土地要素市场化配置改革要求充分运用市场机制盘活存量土地和低效用地,推动法律制度创新是完善产权制度和推进土地要素市场化配置制度改革的关键。

在此背景下,2019 年《中华人民共和国土地管理法》(以下简称《土地管理法》)修订中,原第 63 条"农民集体所有的土地的使用权不得出让、转让或者出租用于非农业建设"的表述被删除,修改为集体经营性建设用地的出让、出租等相关规定,并在第 62 条新增了一款"国家允许进城落户的农村村民依法自愿有偿退出宅基地,鼓励农村集体经济组织及其成员盘活利用闲置宅基地和闲置住宅"的规定,初步体现了中央政策文件精神转化为法律的过程。同时,2021 年起施行的《民法典》在物权编第 362 条至第 365 条仍基本沿用了原《物权法》第 152 条至第 155 条有关宅基地使用权的规定,第 261 条仍基本沿用了原《物权法》第 59 条有关集体所有权的条款,规定"农民集体所有的不动产和动产,属于本集体成员集体所有"。特别要指出的是,从《民法典》的架构体系来看,立法者在中央提出宅基地所有权、资格权、使用权三权分置后,仍然选择将宅基地使用权作为一章规定在"用益物权"分编中,与原《物权法》的体系保持一致。

由上可知,立法者实际上已经对宅基地三权分置中的所有权和使用权作出了一定改造,即一方面在私法规范中保持了宅基地所有权和使用权的概念和体系定位,另一方面在公法规范中放松了宅基地使用权出让、转让、出租等流转方面的身份限制,并增加了鼓励盘活宅基地的宣示性条款。可见,宅基地三权分置从政策文件走向法律规范的实质就在于

---

① 邓大才:《产权单位与治理单位的关联性研究——基于中国农村治理的逻辑》,《中国社会科学》2015 年第 7 期。

将“宅基地使用权中的集体成员的身份性要素独立出来,作为一种单独予以保护的权利”[①],而宅基地资格权正好满足这一现实需要。

(二)以资格权为逻辑中介构造宅基地三权分置体系

有学者认为三权分置构造有如下三种可能性:“一是将原来的宅基地使用权拆分成两项独立的权利,分别为资格权与使用权。二是取消原有的宅基地使用权,重新设计两项全新的权利——资格权与使用权。三是在维持原有的‘宅基地使用权’的基础上,再创设一个新的权利。”[②]第三种方案的核心观点是,原有的宅基地使用权更多地承担了集体成员的社会保障功能,因此,不宜直接将其设定为地上权,但是可以通过权利再次分离的方式,在原有的宅基地使用权上设定地上权。笔者认为,这种观点忽视了原有宅基地使用权和资格权独特的法权价值。尽管相关论述或多或少地指出了原有宅基地使用权无法进行交易,只能在此基础上再设定地上权来解决宅基地上市交易等市场化问题:“原来的宅基地使用权的获得需要其权利人具有村民资格……那么使用权是否指宅基地使用权呢?笔者认为,答案应当是否定的。因为如果该使用权即为原来的‘宅基地使用权’,该使用权也同样不能进入市场进行自由流通,这完全违背了实现宅基地‘三权分置’的目标。如果该使用权仍然是原来的宅基地使用权,可以通过修改法律允许其自由流通,提出‘三权分置’的意义和价值也就不存在了。”[③]将原有的

---

① 孙建伟:《宅基地三权分置中资格权性质再论——兼与特殊用益物权论商榷》,《探索与争鸣》2023年第3期。

② 席志国:《民法典编纂视域中宅基地“三权分置”探究》,《行政管理改革》2018年第4期。

③ 席志国:《民法典编纂视域中宅基地“三权分置”探究》,《行政管理改革》2018年第4期。

宅基地使用权简单定位于类所有权等独特价值的权利属性,看到了问题,但是没有看到原来的宅基地使用权背后总有关系的特殊性,即原有宅基地使用权无法上市交易等的原因分析过于简单,不利于重新构建宅基地三权模式,也无法回答宅基地使用权在制度改革试点的制度价值和功能,更无法系统地为宅基地三权分置改革提供法理支撑。这里需要注意的是,原有宅基地使用权,不仅是在总有关系中的宅基地使用权,而且是集体成员的使用权,这种使用权的来源天然是集体成员的身份和集体成员资格。因此,资格权完全可以涵盖集体成员依据其集体成员身份资格获取的宅基地使用权这一内涵。

笔者认为这正是中央推行宅基地三权分置中提出资格权的根本原因。同时,资格权并不仅仅是一种资格,还是集体成员权在获取宅基地使用权的一种权利,但不仅仅是一种权利能力。将资格权仅仅定位于权利能力的这种论断,有失偏颇;应将其定位为基于成员的身份获取成员的宅基地使用权的一种权利,这是整个农村社会分配宅基地使用权最直接和最有效的依据。原来的宅基地使用权应该予以取消和重构,并按照宅基地总有的关系,重新结合我国农村集体土地改革实践进行组合和完善,而不是过于迂就用益物权理论,从而裹足不前。在这个意义上而言,过于照顾历史上的一些制度或既有的法律概念,还不如按照事物的性质,结合实践中的事实关系进行概括更为准确和科学。对此,笔者同意这样一种论断:“取消原有的宅基地使用权,重新设计两项全新的权利——资格权与使用权。”[①]这种判断较为契合我国宅基地三权分置具体的事实关系和实践特点,也较容易为我国农村集体成员所接受和认可。

---

① 席志国:《民法典编纂视域中宅基地“三权分置”探究》,《行政管理改革》2018 年第 4 期。

资格权作为准自物权，在所有权与使用权之间起到了逻辑中介的作用，目的是在保障农户基于集体组织成员身份享有居住与财产利益的前提下，由农户将宅基地连接至集体之外更加开放的资源配置市场，从而既避免农村集体组织低效的弊端，又保护农户的财产利益。宅基地三权分置体系的构造应当依循这一思路。但是，一些学者提出的方案如利用权构造说、经营权构造说、合并构造说，背离了该方向，下面分别予以讨论。

利用权构造说将中央政策文件中的“资格权”解释为法律上具有身份限制的宅基地使用权，同时主张在法律上新设宅基地“利用权”来对应中央政策文件上有待放活流转的宅基地“使用权”。[①] 该观点侧重三权分置对农户居住保障的福利属性，但是将中央政策文件和法律规定中的宅基地“使用权”割裂开来作解释，容易造成实践混乱。既然在中央明确提出三权分置之后《民法典》保持了宅基地使用权相关规范的连续性，那么应该优先坚持法教义学的解释论立场，尽可能将《民法典》中的宅基地使用权和中央政策文件中的宅基地使用权理解为具有统一性的概念，并以此为前提来探讨尚缺乏明确条文依据的资格权之规范定位或立法路径。

经营权构造说与利用权构造说有一定相似之处，其将宅基地使用权解释为具有身份限定条件的无法直接转让的权利，并将宅基地三权分置的“第三权”构建为“以租赁方式设定的宅基地租赁权”和“以分置方式设定的宅基地经营权”，而后者为基于物权法定原则的用益物权，是宅基地使用权人以权利分离方式让渡的“次级宅基地使

---

① 参见杨雅婷：《〈民法典〉背景下放活宅基地“使用权”之法律实现》，《当代法学》2022 年第 3 期。

用权”。[①] 经营权构造说的论证前提是资格权权利否认说，资格权仅仅是申请分配宅基地的资格，不是民事权利，而是“取得宅基地使用权的前提条件”[②]，“无法和宅基地所有权并列进入宅基地‘三权分置’的权利结构中”[③]。笔者认为，经营权构造说和资格权权利否认说忽略了中央政策文件中“探索宅基地所有权、资格权、使用权分置实现形式”这一表述的合理性和深层次考虑，没有准确贯彻中央有关三权分置的“保障宅基地农户资格权”指导方针，不利于法律规范与政策方针的衔接，甚至造成两者间的紧张乃至冲突，存在方向性错误。

合并构造说认为，资格权应明确定义为集体经济组织成员取得宅基地使用权的权利，资格权“在设定宅基地使用权时，就已隐形地存在”[④]。该观点建立在宅基地使用权属于以成员资格为前提的身份性的用益物权，主张三权分置中资格权的法理含义与农户宅基地使用权具有同一性，其强调宅基地使用权必须以农户的集体成员资格为前提，因而没有在宅基地制度中独立规定资格权的必要。[⑤] 该观点同样犯了刻舟求剑的错误，未能看到《民法典》第363条转介条款指引下宅基地使用权作为市场化用益物权的发展趋势，也没有看到宅基地资格权作为农户居住保障的权利载体的独立价值。

笔者认为，资格权和一般意义上团体或组织的成员资格不同。宅基地三权分置语境下的资格权在法理上是一种完整的民事权利，亟待

① 参见宋志红：《乡村振兴背景下的宅基地权利制度重构》，《法学研究》2019年第3期。

② 宋志红：《宅基地资格权：内涵、实践探索与制度构建》，《法学评论》2021年第1期。

③ 申建平：《宅基地“资格权”的法理反思》，《学习与探索》2019年第11期。

④ 郑振源：《农村宅基地制度改革刍议》，《中国法律评论》2019年第5期。

⑤ 参见韩松：《宅基地立法政策与宅基地使用权制度改革》，《法学研究》2019年第6期。

通过法定化从政策话语上升为法律概念。[①] 而团体的成员资格只是从事某种活动或享有某种利益的先决条件，不一定完全具备成为民事权利的要素，甚至不一定是法律所要调整的范畴。从资格走向资格权，意味着从事实评价走向法律评价。农村集体成员资格的认定因素一般包括户籍、承包关系、生活保障来源因素以及出生、婚姻、收养等事实。[②] 最高人民法院认为，成员资格应由集体组织讨论决定，不应由行政机关确定，有关成员资格认定的纠纷亦不属行政诉讼的受案范围。[③] 资格权与此不同，是宅基地法律制度下的基本性权利，体现在宅基地的分配、使用、交易、收回或处分等各个阶段。一旦认定具备成员资格，农户不需要支付相应的对价，就可以自动享有分配宅基地使用权的请求权。显然，在三权分置的层次中，资格权是比使用权更上位的整体性权利，而这种具有居住保障功能和身份性要素的权利是不能入市流转的。正因如此，资格权是兼具财产权和身份权属性的民事权利。同时，由于《土地管理法》第 62 条对农村村民获取和利用宅基地的相关规定，资格权的行使会受土地利用规划等方面的限制。[④]

在宅基地三权分置的逻辑构造上，应当遵循"宅基地所有权—农户资格权（准自物权）—宅基地使用权（用益物权）"的体系展开。其中，农户资格权兼具身份性要素和财产性要素，享有其中的财产利益必须以相应的成员资格为前提；宅基地使用权承担着盘活利用宅基地的市场化配置功能，可以由他人基于契约等方式获得。基于这种宅基地三权分置结构，农村集体可以在保留宅基地所有权的同时，将

① 参见孙建伟：《宅基地资格权法定化的法理展开》，《法学》2023 年第 11 期。

② 赵风暴：《关于农村集体经济组织成员资格问题的几点思考》，载中国法院网，https://www.chinacourt.org/article/detail/2022/09/id/6892305.shtml，2022 年 9 月 1 日访问。

③ 参见（2019）最高法行申 13764 号行政裁定书。

④ 参见（2019）最高法行申 4934 号行政裁定书。

宅基地民事权利落实到具体的农户，农户则可以在保留宅基地资格权的同时，面向土地要素市场自由流转宅基地使用权。这正是三权分置改革试点地区的宝贵经验，即"允许宅基地资格权人将依法取得的宅基地使用权通过出租、转让、合作等方式流转给其他组织和个人"①。

二、资格权是兼具身份与财产属性的准自物权

放活宅基地使用权的底线是坚持宅基地集体所有权，前提是保障宅基地农户资格权。《民法典》物权编第三分编"用益物权"规定了宅基地使用权，使得将三权分置后的宅基地使用权保留解释为用益物权具有逻辑体系上的合理性和延续性。从条文表述来看，《民法典》第362条规定"宅基地使用权人依法对集体所有的土地享有占有和使用的权利，有权依法利用该土地建造住宅及其附属设施"，在符合住宅用途的前提下，宅基地使用权包含占有和使用的权能，而对于宅基地的处分问题，适用《民法典》第363条，"宅基地使用权的取得、行使和转让，适用土地管理的法律和国家有关规定"。这一转介条款连接了私法规范与管制性规范，巧妙地调和了民法规则稳定性与政策价值灵活性之间的张力，"概括提供了法律之间的接口，能够在需要的时候将特定的管制法'拉'进来"②。因此，宅基地相关民事权利的界定会受公法规范的影响，不能孤立地、静态地进行解读。

---

① (2021)浙0521民初1500号民事判决书。

② 茅少伟：《寻找新民法典："三思"而后行——民法典的价值、格局与体系再思考》，《中外法学》2013年第6期。

（一）原有使用权的身份属性被剥离后归入资格权

在中央政策文件明确提出宅基地资格权之前，宅基地所有权与使用权处于二元权利时代，受制于《土地管理法》2019 年修订前原第 63 条对农民集体土地使用权流转的禁止性规定，彼时的宅基地使用权承载了身份属性，是一种基于集体成员身份获得的保障居住用地的权利，因而兼具身份性和财产性。[①] 但是，自 2018 年宅基地三权分置改革提出以后，《土地管理法》《土地管理法实施条例》相继修订，情况发生了改变，其中最重要的修改就是删除了农民集体土地使用权“不得出让、转让或者出租用于非农业建设”的规定。相关法律规定并没有限定宅基地使用权受让人的身份。“宅基地使用权的权利主体不再限于农民，‘交易与法治不依赖于身份和关系’……‘三权分置’下的土地经营权和宅基地使用权均是市场主体享有的市场化权利。”[②]再加上鼓励盘活利用宅基地的价值，可以看出宅基地使用权已经得到相当程度的松绑，即其中的身份性限制有明显被剥离的趋势，宅基地使用权越来越向市场化配置的方向发展，基于《民法典》为其确定的用益物权性质而体现出纯粹的财产权属性。

那么，宅基地作为集体所有的土地，其身份属性完全消失了吗？答案显然是否定的。“两权分离下直接放开宅基地流转可能面临农民被强大城镇资本驱逐的风险，为了让农民在放活‘使用权’时仍能享有保障，不至于永远离开农村土地，才分置出‘资格权’。”[③]其实，在宅基地二元权利转向三权分置的历史进程中，新设的资格权就是要吸收容纳

---

① 参见孙建伟：《宅基地三权分置中资格权性质再论——兼与特殊用益物权论商榷》，《探索与争鸣》2023 年第 3 期。

② 夏沁：《完善进城落户农民土地权益保障的法治机制》，《法学家》2023 年第 4 期。

③ 杨雅婷：《〈民法典〉背景下放活宅基地“使用权”之法律实现》，《当代法学》2022 年第 3 期。

原来附于宅基地使用权之上的身份色彩，从而使农户可以基于集体成员的身份实现对宅基地的处分。在这个过程中，宅基地资格权逐渐彰显出兼具身份性和财产性的准自物权性质。

（二）应明确宅基地资格权的准自物权性质

不少研究者已经注意到宅基地资格权的双重属性，并试图构建其权能内涵。“宅基地资格权是一项兼具身份属性和财产属性的独立民事权利，其功能体现为分配请求权、居住保障权、可期待收益权和有限处分权。”[①]“资格权应包括占有、收益和处分三项权能。占有权表现为保持分配地位的权利和转让宅基地的到期回收权；收益权表现为征收补偿获取权和有偿退出权；处分权表现为符合宅基地申请资格的集体成员自愿放弃申请宅基地和将宅基地退还给农民集体的权利。”[②]同时具备资格权和使用权的农户“可以通过出租、有限期转让等方式将宅基地使用权转让给不拥有资格权的农户，待转让期满后由原使用权主体收回”[③]。换言之，农户不仅可以将宅基地供自己使用，也可以在保留资格权的前提下，与市场主体交易自己的部分或全部宅基地使用权，只是必须符合土地用途管制和规划。从占有、使用、收益、处分的权能要素来看，宅基地资格权在权利结构上可以具有相对完满的形态。

在此基础上，应进一步明确宅基地资格权的准自物权性质。从一般民法理论来说，用益物权享有占有、使用和收益三种权能，自物权则包含占有、使用、收益和处分四项权能。若将资格权只视为特殊的用益

---

① 刘俊杰：《宅基地资格权：权属定位、功能作用与实现路径》，《改革》2023年第6期。

② 孙宪忠：《农村土地“三权分置”改革亟待入法》，《中国人大》2018年第15期。

③ 孙宪忠：《农村土地“三权分置”改革亟待入法》，《中国人大》2018年第15期。

物权,显然不利于保障农户依法处置闲置的宅基地,不利于宅基地流转和土地要素市场化。宅基地资格权应界定为准自物权,其逻辑基础在于,资格权是从宅基地所有权中提取出来的权利。有论者认为,宅基地资格权具有严格的身份性、专属性、不可转让性,因而"资格权并非财产权"。① 这是对财产权的误读。事实上,财产权最基本的特质是排他性,②不能因为对某种财产持有身份的限制就否认其财产权属性。资格权具有稀缺性和排他性,是一种财产权,中央政策文件已经将其类型化,下一步将实现法定化。

有观点提出,"宅基地所有权是宅基地资格权的抽象集合,宅基地资格权是宅基地所有权的具体呈现"③。这种观点看到了宅基地资格权与宅基地所有权在性质上的紧密联系,值得肯定,而"抽象集合"的理解还有待进一步细化完善。财产权是一个谱系化的概念,所有权只是指向财产权最圆满的形态,随着权能要素的剥离重组以及相应权利的类型化、法定化,在所有权上可以派生出其他形态的财产权。④ 从财产权碎片化理论来看,⑤作为财产权的一种形式,所有权的权能可以被分离和分解,这意味着所有权的本质并不在于其绝对性和完整性。真正重要的是所有权概念中所蕴含的权利推理规则,即关于剩余权的确定规则:除法律特别规定或合同特别约定的某特定权利属于他人外,该

---

① 申建平:《宅基地"资格权"的法理反思》,《学习与探索》2019 年第 11 期。

② Shyamkrishna Balganesh, "Demystifying the Right to Exclude: of Property, Inviolability, and Automatic Injunctions", 31 *Harvard Lournal of Law and Public Policy* 593, 602-605 (2008).

③ 包欢乐:《利益承载:宅基地资格权功能定位与法律实现》,《江苏社会科学》2023 年第 4 期。

④ 参见王涌:《财产权谱系、财产权法定主义与民法典〈财产法总则〉》,《政法论坛》2016 年第 1 期。

⑤ J. E. Penner, "The 'Bundle of Rights' Picture of Property", 43 *UCLA Law Review* (1996).

物的其他权利即剩余权属于所有权人。[①] 比如,一旦在财产上设定他物权,所有权就进入了不完满的状态,但不管分离出多少权能,剩余权利的拥有者还是处于优越地位的所有权人。

事实上,从宅基地所有权中提取分配出农户的宅基地资格权后,由于集体仍保留对宅基地的其他剩余权利,其依然稳固着宅基地所有权人的地位,坚持了宅基地集体所有权的底线;农户通过市场化契约等方式依法开放或让渡宅基地资格权中所蕴含的使用权,但同样在资格权的权益范围内保留着其用于交易的使用权之外的其他剩余权利,因此资格权在权利结构和推理逻辑上与所有权具有相似之处,可以被界定为准自物权。"宅基地'三权分置'的着眼点并不在于宅基地使用权的初始公平配置,而在于宅基地流转后如何从受让人处回至农户,以保障其居住利益,从而兼容实现宅基地的保障功能和财产价值。"[②]

(三) 资格权的特殊性无法掩盖其准自物权性

在宅基地所有权和使用权的二元权利时代,在法律上宅基地所有权归属集体,使用权属于集体农户,《民法典》第 362 条在用益物权部分将其界定为"宅基地使用权依法对集体所有的土地享有占有和使用的权利,有权依法利用该土地建造住宅及其附属设施"。由此可知,宅基地使用权就是集体成员为了解决居住问题,依照农户为单元向集体申请的无偿、无期限的权利,而且这种使用权基于成员身份获得。对此有两个方面需要探讨。

---

① 参见王涌:《私权的分析与建构:民法的分析法学基础》,北京大学出版社 2020 年版,第 230 页。

② 刘恒科:《宅基地"三权分置"的政策意蕴与制度实现》,《法学家》2021 年第 5 期。

一是在二元权利时代,宅基地使用权是基于集体成员的身份权获得的,本身就具有身份性和财产性双重属性。[①] 现在通过宅基地三权分置,将原有的宅基地使用权分解为宅基地资格权和使用权,让传统的居住保障性功能和身份性要素等涵摄于集体成员身份资格获得相对独立的资格权,用使用权涵摄原有宅基地使用权的财产性内涵,以此推动宅基地产权由传统的在封闭集体中无偿地配置向逐渐开放的市场化配置的方向发展,从而推动宅基地有偿使用的制度构建。在此过程中,需回答如下问题:为什么集体对成员有居住保障的义务或者职责?这种资格权所具有的身份性要素具有一定特殊性,必须通过传统的用益物权来进行审视吗?是不是还有其他的理论基础可以深化认识?

从用益物权的角度出发,宅基地资格权与传统的用益物权不同,传统的用益物权是用益物权人"对他人所有"的财产享有的权利,而宅基地资格权恰恰不是对他人所有的财产享有的权利,而是成员对集体所有土地享有的一种权利。对此,学界存在严重的分歧。一种观点认为可以用用益物权的特殊性来解释宅基地相关权利;另一种观点则认为根本无法用传统的用益物权进行解释,甚至明确表示用用益物权来解释资格权或土地承包经营权,"从法律政策上看是错误的",因为"如果用传统民法中'用益物权派生于所有权'理论来理解我国农户土地承包经营权和集体土地所有权的法律关系,就是把农民家庭和个人排斥在集体之外"[②]。

为什么说宅基地资格权应当是一种准自物权而不是一种特殊的用益物权?尽管在二元权利体系下,法律上将其规定在用益物权部分,但

① 孙建伟:《宅基地"三权分置"中资格权、使用权定性辨析——兼与席志国副教授商榷》,《政治与法律》2019 年第 1 期。

② 孙宪忠:《推进我国农村土地权利制度改革若干问题的思考》,《比较法研究》2018 年第 1 期。

这种规定与传统的用益物权内容有很大出入。宅基地使用权和农地承包经营权本身具有准自物权的特征，是开启我国农村土地产权市场化配置的基础或前提。就宅基地而言，在二元权利体系下，农户仅仅具有占有使用的权能，而缺少收益、处分的权能，即使法律上规定农民可以出卖、出租、赠与住宅，基于房地一体的原则，可以进行有限的处分，但是这种交易一般在村集体封闭社区内进行，而且大部分集体成员因为成员身份能够获得基于居住保障的宅基地，因此，这种交易本身无法被市场的力量所推动，不仅交易价格无法被有效发现，交易额也不是很大，导致大量宅基地闲置、废弃等现象。因此，这种特殊的用益物权论并没有准确认识到集体成员，通常以农户为单位申请宅基地作为居住保障的性质、特点和内涵，反而有画虎不成反类犬之嫌。

笔者认为，宅基地所有权和资格权的关系，离不开集体土地产权的形成背景及其制度功能，需要重新认识宅基地集体所有权。

在这一方面，日本学者加藤雅信教授《"所有权"的诞生》一书中对于土地所有权的论述带给读者很多启示。他尝试摆脱民法教义学的束缚，从人类学、历史学、法学的角度去观察土地等所有权的发展轨迹及其类型，发现土地等不动产所有权制度并非始终伴随于人类社会，而是基于追求生产的最大化这一社会需求和资源本身的稀缺性等而产生的。资源的稀缺性导致相关资源的权利确立，同时也深刻影响该资源权利制度发展。例如，在农耕社会，决定土地生产率的主要因素是水和土地。基于短板效应原理，较为稀缺的资源要素是权利确立的决定性因素，于是水资源会自然地成为一种财产权。对此，国内学者张静教授从土地和人力两种资源的相对价值的对比中发现，如果后者能够增益的机会较少，那么社会规则对土地资源的保护自然就会优先于对人力资源(个人权利)的保护。如果人的生存极大地依赖土地而不是他人的(人力资源)服务以及权利交换产生的价值,个人能力和知识的差异不能明显地增大收益,这种条件下的生存措施自然倾向于保护土地资源,而不是保护个人权利。这反映了资源稀缺时,人对资源的强烈依赖,所谓个人独立的所有权也会让位于对资源稀缺性的保护。[①]

除了资源的稀缺性因素,所有权概念产生的另外一个要素为:对投资者的保护。所有权的产生能够让投资者对自我独占中的生活资料加以保护,以此来激发投资者的潜能和推动社会整体生产力快速发展。但是,在每一种社会形态下,其所面对的问题、对相关因素的态度有所不同,因此,对土地的资本投入的状况也就分为不同的类型,土地的权利保护随着社会投入的增加而增加。例如,土地的资本投入为“零—中—大”三级时,对土地的权利保护自然也呈现“零—中—大”三种状态。加藤雅信教授认为:“私人所有权存在的原因在于保护和刺激对生产资料的资本的投入,即承认土地所有权的原因在于保护和刺激对农业的资本投入,承认无形财产权的原因在于保护和刺激对发明创造的资本投入。对于那些需要促进生产率的应该赋予所有权。相反,对于那些不需要促进生产率的或者过度促进生产率会带来一定危害的,则不应该赋予所有权(私人),应该赋予入会式权利。”[②]入会权即为资本投入处于中间性存在的权利状态。在农耕社会,土地生产效率低下,为了保护集体利益,避免无度开发利用土地,确保维持土地再生产的能力,有必要将土地等不动产资源纳入集体的管制之下,入会权由此产生和发展,且制度目的为允许一定的团体成员使用且在其内部设定限制的土地使用法律体制。可见,入会权对于维持土地的集体性质和确保土地的集体所有和成员使用的功能十分显著。

---

① 参见张静:《现代公共规则与乡村社会》,上海书店出版社2006年版,第223页。

② 〔日〕加藤雅信:《“所有权”的诞生》,郑芙蓉译,法律出版社2012年版,第190页。

依照日本民法的规定，入会权有两种：一种是具有限制物权性质的适用地役权规定的入会权（日本《民法典》第294条），一种是入会权人拥有所有权的，具有共有性质的入会权（日本《民法典》第263条）。加藤雅信教授认为，“入会权‘和民法上的总有论很相似’”[①]，且具有严格的身份资格限制。“假设村落共同体对一定的土地拥有入会权。这种情况被称为‘总有’。此时，村落共同体的成员不拥有任何份额，只是拥有该入会地的收益权限。即各个共有人的权利仅仅为单纯收益权。各个村民通过获得村民的资格而取得收益权限，丧失资格的话则失去收益权限。当然，这种收益权限是不能转让给他人的。”[②]

对于我国农村土地集体土地所有权而言，民法学的总有论是一个非常好的认知角度。对此，一些学者已经开展研究，并形成一种具有影响力的学说。[③]“在民法学上，一般认为多数人共同支配同一物的情况有三种形态。即共有、合有和总有。这三者的区别是多数的共同人是否持有份额，如果持有份额，该份额的内容是什么……从份额这个角度来看，在共有中存在明确的份额，在合有中存在着潜在的份额，而在总有中则不存在份额。”[④]因此，就总有而言，为了维持这种封闭的集体组织存在，以保证获得集体共同体生活或生存的能力，集体成员不享有集体土地所有权的份额，对此加藤雅信在考察印第安人——切罗基相关制度时指出：“假设切罗基的市民对共有土地拥有份额权，并且可以把

---

① ［日］加藤雅信：《“所有权”的诞生》，郑芙蓉译，法律出版社2012年版，第107页。

② ［日］加藤雅信：《“所有权”的诞生》，郑芙蓉译，法律出版社2012年版，第107页。

③ 有“高度相似说”，参见王利明、周友军：《论我国农村土地权利制度的完善》，《中国法学》2012年第1期；“形式上总有说”，参见李锡鹤：《物权论稿》，中国政法大学出版社2016年版。“持份权总有说”，［日］小川竹一：《中国集体土地所有权论》，《比较法研究》2007年第5期。“新型总有说”，参见孙建伟：《宅基地“三权分置”中资格权、使用权定性辨析——兼与席志国副教授商榷》，《政治与法律》2019年第1期。

④ ［日］加藤雅信：《“所有权”的诞生》，郑芙蓉译，法律出版社2012年版，第107—108页。

份额权转让给切罗基市民以外的人,则切罗基将因为切罗基以外的人的进入而丧失其作为部族共同体的一体性。与此相同,如果承认份额的权利性的话,则不得不承认土地上的改良物的转让。另外,如果允许切罗基市民在迁出该国后仍能主张他在切罗基的权利的话,则切罗基将丧失其作为国家的自我封闭完成性。从这里我们可以看出,在被白人社会包围的情况下,切罗基为了能成为和美利坚合众国相抗衡的一个小世界,为了维持其国家的实质或者部族共同体的实质,不得不采用这种类似于总有的规定。"[①]即使具有转让等交易情形,也只能在集体内部具有成员身份的主体之间进行,但这种逻辑也导致土地自身的价格无法被市场有效评估和发现,因为购买者基于成员身份已经能够获得相应的宅基地,因此,这种基于身份资格获得宅基地财产权市场化程度极为有限。[②]

但是"土地所有权的处分权限的行使造成的集体崩溃的现象是可以避免的"。[③] 从土地产权现代化角度出发,这种所有权可以说是一种处分权受限制的所有权。它"与总有论中个人份额完全被埋没于共同体限制之中的状态是完全不同的"[④]。因此,为了维持集体社区的封闭性以便维持集体共同体的生存或生活能力,与推进集体土地财产权化,尤其是党的十八大以后,党中央和国务院明确提出"赋予农民更多财产权利""农民住房财产权抵押、担保、转让,探索农民增加财产性收入渠道""对农民住房财产权作出明确界定,探索宅基地有偿使用制度和自愿有偿退出机制,探索农民住房财产权抵押、担保、转让的有效途

① [日]加藤雅信:《"所有权"的诞生》,郑芙蓉译,法律出版社2012年版,第109页。

② 参见孙建伟:《宅基地"三权分置"中资格权、使用权定性辨析——兼与席志国副教授商榷》,《政治与法律》2019年第1期。

③ [日]加藤雅信:《"所有权"的诞生》,郑芙蓉译,法律出版社2012年版,第113页。

④ [日]加藤雅信:《"所有权"的诞生》,郑芙蓉译,法律出版社2012年版,第113页。

径"[①]等举措后,这些改革举措有力地在维持封闭社区与探索宅基地财产权化的平衡之道。其中,宅基地三权分置就是一个重大的国家战略性举措。

笔者认为,宅基地资格权从传统的二权模式独立出来之后,基于新型总有理论的视角,可以发现其越来越具有身份性和财产性的双重品格。农户基于成员权获得宅基地占有、使用、收益、处分的权能越来越完整,其不仅可以保留宅基地供自己使用,也可以保留资格权,在符合用途管制和规划的前提下,拿出自己的部分或全部宅基地使用权进行交易。因此,从这个意义上,宅基地资格权越来越接近自物权,越来越显示其制度上的弹性和韧劲。

尽管在此过程中,宅基地资格权与传统的总有关系差异越来越大,如总有不强调成员的份额,其份额完全淹没在共同体的产权限制之中,但是,从宅基地集体所有权中分置出资格权,可用资格权来承担所有权与使用权之间的连接功能,且资格权的内涵和功能在新型总有框架下被集体土地所有权所涵摄。因此,从这个意义上,三权分置中资格权发挥着至关重要的功能和价值。其在三权分置中"事实上处于核心地位,因此我们必须把这种权利的制度特点弄清楚"。[②]

(四)将资格权界定为类自物权有助于有效公正解决案件纠纷

事实上,从实践角度而言,将宅基地资格权定性为一种特殊的用益物权,已经带来很多的制度障碍,尤其是在宅基地买卖纠纷案件中,一些案件没有充分考虑宅基地资格权本身含有的集体成员基于总有关系

---

① 参见党的十八届三中全会决定以及国务院《深化农村改革综合性实施方案》等。

② 孙宪忠:《推进农地三权分置经营模式的立法研究》,《中国社会科学》2016 年第 7 期。

所获得居住保障等价值,仅仅根据诚信原则来裁判案件,导致无法得到有效和公正的处理。相关司法实践已经为学界所关注。笔者认为,其核心问题就是将宅基地资格权仅仅作为一种特殊的用益物权来考量,而没有看到宅基地资格权制度设计背后更多的法思想或法内涵,从而导致一些司法裁判或司法政策出现了偏差。

在宅基地二元权利时代,为了维护宅基地使用权的身份性要素,将已经出售多年的房屋,按房地一体原则,认定房屋买卖合同为无效是司法实践中的普遍做法。最为典型的就是北京画家村房屋买卖案件,最终二审以宣告合同无效告终。"法院的无效判决,体现了对宅基地使用权身份性以及房地一体主义原则的固守。"[①]如果从宅基地三权分置的视角出发,宅基地资格权归属于农户,农户可将宅基地使用权按照使用权年限对外出售,即在宅基地资格权上"设立地上权,则可不必触动土地公有格局和宅基地使用权身份性的底线,而为宅基地及其房屋开辟出入市流转的合法渠道"[②]。而如果将宅基地资格权定位为特殊的用益物权,在其上再设定地上权,则有叠床架屋之嫌,尤其是在农村社会快速现代化的转型社会,不利于维护财产权的确定性,而且在法理上也存在很多争议。

2018年,在中央提出宅基地三权分置之后,相关司法裁判规则是否要修订,成为一个非常重大的实践和理论问题。这是因为在传统的宅基地二元权利语境下,宅基地资格权没有独立出来,其与宅基地使用权融为一体,在司法裁判上考量使用权的地方多,考量资格权的分量少,导致相关利益分配出现了偏差,不利于农村宅基地产权利益的维护

---

① 王卫国、朱庆育:《宅基地如何进入市场?——以画家村房屋买卖案为切入点》,《政法论坛》2014年第3期。

② 王卫国、朱庆育:《宅基地如何进入市场?——以画家村房屋买卖案为切入点》,《政法论坛》2014年第3期。

和边界的确定。例如，有法官总结2016—2019年上海市青浦区审理的宅基地案件中对农村宅基地房屋买卖纠纷的基本态度："非本集体经济组织成员之间的宅基地房屋买卖协议原则上认定无效；但若该房屋已实际交付使用的，则对腾退房屋及支付房屋使用费等诉讼请求一般不予支持，维持房屋使用现状，即由受让方继续占有使用。"[①]如"涉及动迁利益分割：……②动迁利益已确定。……若宅基地房屋买卖协议被认定为无效，则动迁利益（货币补偿款或安置房屋评估作价款）中扣除购房款后，原则上由买受方与出售方按照7∶3比例进行分割"[②]。

上述裁判规则尽管维护了集体成员与非集体成员宅基地交易合同效力的无效原则，但从相关利益分配角度而言，本质上还是将宅基地使用权定位于特殊的用益物权来考量。其带来的问题主要有以下几个方面：一是"协议效力的裁判与执行操作两者之间不协调"。"一方面，根据高院意见，对于将房屋出售给本乡以外的人员，未经审批，如果合同已实际履行完毕，则对合同效力暂不表态。但当事人之诉讼请求就是确认房屋买卖合同的效力，消极回避诉请在法理上无据可依。另一方面，司法实践中若对此类协议作无效处理，却又判令驳回腾房诉请，维持居住现状，使得两者之间存在矛盾，难以让当事人服判息讼。"[③]二是对于宅基地资格权保护不足。在宅基地三权分置以后，宅基地资格权和使用权都相对独立，应该在考量宅基地资格权本身的价值基础上，按

① 高金登、陈烟烟：《〈土地管理法〉修正背景下农村宅基地三权分置的司法路径探索——以沪上农村宅基地房屋流转之司法困境为视角》，《上海法学研究》集刊2019年第19卷。

② 高金登、陈烟烟：《〈土地管理法〉修正背景下农村宅基地三权分置的司法路径探索——以沪上农村宅基地房屋流转之司法困境为视角》，《上海法学研究》集刊2019年第19卷。

③ 高金登、陈烟烟：《〈土地管理法〉修正背景下农村宅基地三权分置的司法路径探索——以沪上农村宅基地房屋流转之司法困境为视角》，《上海法学研究》集刊2019年第19卷。

照使用权的年限、区位价格、市场价格等合理考量使用权人的利益。但是，在涉及拆迁利益分配时，一刀切地“买受方与出售方按照7∶3比例进行分割”拆迁利益，则没有充分关注到宅基地资格权的独立价值和功能。这一问题的关键是，农村住房买卖的客体是什么？是房屋和宅基地使用权。房屋通过交易发生产权主体的变更，是没有异议的。目前存在争议的是房屋下的宅基地使用权的性质。在宅基地三权分置以后，使用权不应包括宅基地资格权，因为对于非本集体成员购买房屋，而根据房地一体原则获得的宅基地使用权，“只是将房屋所占范围的宅基地使用权暂时让渡给买受人，但其基于特定集体组织成员所享有的农村保障性福利政策等具有身份色彩的利益仍归属其自身，并不移转”①。对此，笔者赞同相关案件中“上海法院的当前做法仅是‘权宜之计’”②。

上述裁判思路还停留在将宅基地使用权定位于特殊的用益物权层面去理解我国农村宅基地法律制度，忽略了宅基地三权分置以后，宅基地资格权的性质已经发生了重大变化。这导致理论和司法实践存在认识偏差。合理的做法还是应该将宅基地资格权与宅基地使用权分开进行考量，即将宅基地资格权定位为准自物权，将宅基地使用权定位为一种用益物权，对二者进行合理的边界划分和权利边界的厘定，不应一味地使用诚信原则或信赖利益保护原则进行考量，以此为相关问题的解决提供理论支持。

---

① 高金登、陈畑畑：《〈土地管理法〉修正背景下农村宅基地三权分置的司法路径探索——以沪上农村宅基地房屋流转之司法困境为视角》，《上海法学研究》集刊2019年第19卷。

② 高金登、陈畑畑：《〈土地管理法〉修正背景下农村宅基地三权分置的司法路径探索——以沪上农村宅基地房屋流转之司法困境为视角》，《上海法学研究》集刊2019年第19卷。

三、三权分置体系下宅基地使用权的教义重构

宅基地三权分置中的使用权不完全是物权法意义上的地上权，还可能具有有限的土地租赁权或法定租赁权的内涵，对此不能一概而论。但是，如果将资格权定位为准自物权，将宅基地使用权定位为用益物权，实际上没有必要设定法定租赁权，因为法定租赁权的保护范围和效力无法与用益物权相比。

（一）三权分置使用权能否以地上权的方式直接设定在土地所有权上

何谓地上权？学者考察认为："地上权主要是为了解决私人在国有和其他私人土地上拥有住宅所有权，而突破土地吸附原则法律传统的产物，并且被赋予了类同于土地所有权的权能。"①这种制度源于古罗马法，其产生主要是对罗马法中"地上物属于土地"这一添附原则的突破或修正，以便解决在他人土地上拥有建筑物或其他工作物的问题。后来德国民法典完全继受罗马法，认为"地上权的产生仅仅是通过当事人的物权合意"②，即意定地上权。而日本又规定了法定地上权，即在特定情况下可以基于法律直接规定产生地上权。但不管是意定地上权还是法定地上权，都是为了解决建筑物存在需要以什么权利为基础，既然土地所有权无法成为建筑物所有权的紧密伙伴，那么在所有权之外，给所有权设定一个负担性的用益物权，即地上权，让其与建筑物所

---

① 田丰、王跃峰：《建设用地使用权性质研究——以与传统民法地上权比较为视角》，《河北法学》2013 年第 7 期。

② 屈茂辉、蒋学跃：《法定地上权探讨》，《法制与社会发展》2001 年第 3 期。

有权进行衔接。这样做，在他人土地上建造的建筑物的权利可以与地上权捆绑在一起，为持续拥有、交易和流转建筑物提供法权基础；同时，又不危害土地的所有权。尤其是在秉承房地一体主义为立法原则的国家，设置地上权更凸显了法权意义。

我国集体土地使用权较为特殊，集体和集体成员共享所有权和集体土地利用权，无法在集体土地所有权上设置现代物权法意义上的地上权。这是因为集体土地财产权更多承担了社会保障意义上的公法负担，如保持耕地占补平衡、粮食安全、集体救助、集体资产保值增值等，尤其是所有权无法为集体成员个体所行使的背景下，只能以成员权表现的资格权进行宅基地使用权的分配和享有。在这个意义上，资格权本身也包括集体成员基于成员身份获取的宅基地使用权。

但是，他人无法在集体土地所有权上设置地上权，因为集体是一个团体范畴，其所有权是集体成员总有的制度设定。因此，作为非集体成员在集体拥有的土地上设置地上权，无法促使建筑物和集体所有权进行有效分离。再加上我国《中华人民共和国宪法》（以下简称《宪法》）、《土地管理法》、《民法典》明确规定禁止集体土地所有权进行上市交易，使其上建筑物无法从法律上有效分离，被集体土地所有权所吸附，最终导致建筑物无法进行上市交易，建筑物所有权人不愿意进行开发利用，相关市场也无法有效形成。

（二）原有宅基地使用权能否设置地上权

原有宅基地使用权上能否直接设置地上权，以便在法律上解决建筑物所有人持续拥有、交易和流转建筑物难题，而又不危害所有权人。答案是否定的。那种主张在传统的宅基地使用权上再设置地上权的观点，没有看到原有宅基地使用权的特有属性。一是原有宅基地使用权是在我国农村集体特定的环境下形成的一种总有关系，且在这种关系中，成员身份和成员资格是获取集体宅基地使用权的关键，资格先于宅基地使用，并主导宅基地使用权的分配。二是宅基地使用权与农地的承包经营权功能一样，因为其承担更多保障集体成员生活和生产等方面的社会保障等公共职能，无法在其上直接设定用益物权，只能在原有的二元权利架构中，再次进行改革与探索，即在承认宅基地集体“总有”的关系下，对集体成员宅基地使用权正确定性，并在此基础上，还原集体成员宅基地使用权的集体成员资格权内涵。此外，原有宅基地使用权的权利属性与国有土地使用权有很大差异。我国国有土地使用权是建立在统一的国有土地所有权之上的，但是，国有土地所有权并不像农村土地背负着农村社会的居住权、社会保障权以及复杂的社会治理成本，其可以在国有土地所有权上直接设置用益物权。而我国原有宅基地使用权则不具有这方面的功能和优势，此前农村宅基地无法被有效开发和利用，根本原因即在于此。

（三）设置在宅基地三权分置资格权之上的使用权性质

资格权包含了集体成员的宅基地使用权，其法权基础在于集体土地的总有性质。从现有的试点和相关政策性文件的规定来看，借助宅基地集体成员的资格权来设置权利，还没有明确其一定就是地上权。对此，学界有以下观点：一种观点认为以地上权的理论来解决三权分置中的使用权性质，即在原有宅基地使用权上再设定具有用益物权性质的地上权。[①] 在此基础上，设置具有使用期限的地上权（席志国教授称

① 席志国：《民法典编纂视域中宅基地“三权分置”探究》，《行政管理改革》2018 年第 4 期；刘锐：《乡村振兴战略框架下的宅基地制度改革》，《理论与改革》2018 年第 3 期。

之为使用权并设定最长期限为 50 年,刘锐教授称之为建设用地使用权,并将其使用期限设定为 5—40 年)[①]来限制原来宅基地使用权,以推动宅基地上市交易或流转。一种观点认为,解决这种房屋和土地权利冲突应秉承法定租赁权,即当非集体成员在集体成员的宅基地使用权上设置建筑物时,应适用法定租赁权,但这种权利与租赁权的区别在于是否登记,如果在法定部门进行登记,就是法定租赁权,如果没有登记,则是普通租赁权。该论者认为其原则上应为法定租赁权,以便更好地保障租赁权人的土地等不动产利益。[②] 还有一种观点认为,应该准确把握 2018 年中央一号文件精神,"适度放活宅基地和农民房屋使用权"适用于非集体成员的宅基地租赁权、抵押权或入股权。[③] 这种租赁权是普通的宅基地租赁权,而抵押权则是一种担保物权,而非地上权或用益物权。

笔者认为,上述三种情况在宅基地三权分置复杂多样的制度性实践中都或多或少地存在,因此,要照顾到实践的多样性和丰富性,不宜一刀切地定性为地上权,以便照顾到农村社会对不动产物权登记等制度认识、接受等的可能性和长期性。对此可以参考承包地三权分置的实践。党的十八大以后,尤其是党的十八届三中全会以后,我国农村土地承包经营权在坚持土地所有权属于集体所有、土地承包经营权归属农户或集体成员的前提下,将承包权和经营权分开,禁止土地承包权转让,将土地经营权放开,所得受益归农户或集体成员。但在此制度改革与探索过程中,对于承包地的经营权到底是物权性质还是债权性质争论较为激烈,至今还没有定论。有观点干脆称其是一种财产权:"从经

---

① 刘锐:《乡村振兴战略框架下的宅基地制度改革》,《理论与改革》2018 年第 3 期。

② 参见陈小君:《我国涉农民事权利入民法典物权编之思考》,《广东社会科学》2018 年第 1 期。

③ 董祚继:《"三权分置"——农村宅基地制度的重大创新》,《中国土地》2018 年第 3 期。

营权在本轮土地制度改革中的定位来看,更加强调其财产权属性。"[①]主要是一刀切的定性,未必能保护好农民的利益。如果规定经营权为物权,受物权的稳定性和更改难度的影响,一些地方的物权合同因土地经营者的违约而不利于承包权人的利益保护,反而是债权性合同有助于保护承包权人的利益。因此,关键还是要根据不同的情况来设定不同性质的权利。

(四)宅基地使用权的独特内涵与制度功能

如果将宅基地资格权界定为集体成员根据其成员资格在总有关系中享有的总括性权利,那么在资格权之上再设定使用权就具备了相应的法权基础。资格权是集体成员依据其成员身份资格获取的兼具财产和身份属性的权利,在这种权利上设定的使用权有其独特内涵。

在集体成员资格权上设定的权利,具有强烈的市场化特征,在民法上私人权利属性表现得较为集中。其可以是一种私法意义的用益物权,也可以是一种担保物权,还可能是一种具有物权性质的债权或单纯的债权。宅基地三权分置中的使用权应当指向"基于民事契约等所获得宅基地使用权",有较为明显的私权属性。宅基地资格权是一种农村社会福利性质的权利,具有法律上和政治上的公共福利因素,并承担着农村社会的社会保障功能。而在资格权之上设定的使用权,是一种基于财产权市场化的私权,其政治功能和社会保障功能被资格权所吸收。这完全符合党的十八届三中全会在《中共中央关于全面深化改革若干重大问题的决定》中提出的"保障农户宅基地用益物权,改革完善农户宅基地制度,选择若干试点,慎重稳妥推进农民住房财产权抵押、

---

① 陈敦:《土地信托与农地"三权分置"改革》,《东方法学》2017 年第 1 期。

担保、转让,探索农民增加财产性收入渠道”改革思路。对此,有研究者坦言:“新增的‘资格权’是未来顶层设计的热点领域。资格权的引入,极大地缓解了农地产权与商业资本之间的矛盾,使得农民在自身特殊身份不丧失的同时,获得了基本生产生活元素入市流通的便捷渠道。”[①]笔者认为宅基地三权分置中的使用权功能具有强烈的私权属性,但其设定的基础和前提不是宅基地使用权,而是总有关系中的宅基地资格权——集体成员依据其身份资格获取的准自物权。

关于宅基地使用权的使用期限问题。在回答这个问题之前,我们首先需要关注当前宅基地使用权制度设置主要解决什么问题:一是宅基地上所建造的建筑物或构筑物与资格权分离导致的权利冲突问题,即建筑物或构筑物所有权人本来有资格权,但客观情况的变化(如继承、身份变化、家庭成员的变少等)导致权利冲突;二是运用宅基地三权分置中的使用权来促使宅基地市场化,促进农户宅基地资格权财产权化和农民住房财产权抵押、担保、转让,以拓展农民增加财产性收入渠道。二者本质上都是为了解决农村房屋土地权利能否在房屋权利变动的过程中,实现农村房地市场化运作,为农村社会带来实实在在的财产化收入。为了更好地分析问题,下文将前者概括为历史遗留问题的解决,将后者概括为市场化问题的解决。

对于历史遗留问题所导致的宅基地上的房屋所有权与宅基地资格权的丧失所带来的权利冲突问题,依然可以运用三权分置的使用权进行解决。对此,有学者认为应设定地上权来解决,也有学者认为应设定法定租赁权来解决等。这些进路尽管在保障力度上或法律性质上有所差异,但有一共同点,即只要建筑物所有权存在,就应该保障建筑物所

---

① 王洋:《农村宅基地三权分置背景与价值体系再平衡》,《农村经济与科技》2018年第6期。

有人对其建筑物所附属宅基地使用权的合法性和正当性。但这个问题还要进一步分为三种情况。

一是既有建筑物建造时，基于资格权（成员依据其身份或资格获取宅基地使用权），后来因为客观情况的变化，成员人数减少，成员宅基地使用权本应相应减少，但事实上宅基地的成员使用并没有减少，甚至出现宅基地面积增加的情况。对此，应当根据资格权的变化进行调整：对于符合资格权数量要求的，按照资格权属性，对其建筑物等进行定性，不必设置地上权，也不必设置法定租赁权；对于不符合资格权数量要求的，即超标准使用的宅基地，则按照地上权或法定租赁权的要求，合法保障因成员资格权变迁所导致的房地权利冲突问题。基于成员资格的超标准使用权期限应是不确定的，主要依据建筑物的存在寿命而定。当然，建筑物基于村庄改建、重建或其他非人为因素毁损的，其使用权期限以毁损日期为准。

二是既有建筑物建造时，基于资格权（成员依据其身份或资格获取宅基地使用权），后来因为客观情况的变化，成员资格权不复存在，但事实上宅基地的使用面积并没有减少，对此要在建筑物所有权的基础上，为其设定地上权或法定租赁权，使用期限也是建筑物的寿命，直到建筑物毁损灭失后，再将其使用权收回。由于村庄改建、重建或其他非人为因素毁损的，其使用权期限以毁损日期为准。这样便于最大化地保障建筑物权利人的利益。这种思路的基础是，建筑物所有权有其合法的来源和基础，应在充分尊重建筑物所有权的基础上来设置相应的宅基地使用权。这体现最大限度保护农村社会房地财产权原则。

三是既有建筑物建造时，不是基于资格权，而是基于民事契约等获得宅基地使用权的，只要不存在违反村庄规划和土地用途管制的，则应尊重这种基于契约的权利。至于使用期限，当事人可以约定。当事人没有约定或约定不成的，可以由当事人再次协商确定，如果还无法确定的，可以赋予司法机关以裁判权。司法机关处理此类纠纷应主要审查纠纷解决时或实施建筑行为时，宅基地的来源主体有无资格权以及是否应该具有资格权等因素来确定。如果应该有资格权，则按照第一种情况来处理；如果不应该有资格权，则按照民事契约的约定来处理，但不得违反法律、行政法规强制性规定。其使用期限最长可参照宅基地使用土地用途和土地性质来确定，但不宜超过国有建设用地使用权最长期限，[①]以便做到与现行宅基地三权分置和同地同权等改革思路相契合。

对于宅基地市场化问题的解决，主要在保障农村集体成员的居住的前提下，将剩余的闲置宅基地及其房屋对非集体成员进行租赁、抵押、入股等，以便推进宅基地使用权上市流转。这也分为不同情况。对于长期稳定经营的建筑物，当事人可以通过法定租赁的方式进行登记，使这种不动产的租赁权物权化，进而设定较长的使用期限，但不得超过国有建设用地使用权的最长期限。根据《中华人民共和国城镇国有土地使用权出让和转让暂行条例》第 12 条规定，土地使用权出让最高年限按下列用途确定：居住用地 70 年；工业用地 50 年；教育、科技、文化、卫生、体育用地 50 年；商业、旅游、娱乐用地 40 年；仓储用地 50 年；综合或者其他用地 50 年。考虑到当前宅基地对非集体成员的出租主要是用于商业、旅游、娱乐等，国家禁止宅基地用于房地产开发，其设定期限不宜超过 40 年。当然，如果租赁宅基地从事综合用地或教育、科技、文化、卫生、体育等方面的使用的，其期限最长不宜超过 50 年。总之，

① 依照现行法，国有建设用地使用权期限最长的居住用地是 70 年。对此规定的解读也有不同的观点，如杨立新教授认为 70 年的住宅建设用地使用权期限届满，经过自动续期，该权利成为永久性用益物权。杨立新：《70 年期满自动续期后的住宅建设用地使用权》，《东方法学》2016 年第 4 期。

具体期限应根据当事人之间的合同进行商定，但最长不宜超过国有使用权的期限。

对于当事人短期租赁宅基地用于商业、旅游、娱乐等的，只要符合村庄规划和土地用途管制等要求，当事人也可以设定相应的债权，以便更好地从事经营活动。但是，为保障双方当事人合法权益，这种租赁权应比照住房租赁合同，最长期限不宜超过20年。超过20年的，为不定期合同。

第四章
资格权入法后的农地三权内部结构优化之理论证成

在资格权入法后,农村土地从二权分离迈向三权分置便顺理成章。农村土地三权分置是从政策到规范、从身份到契约的全面延伸。被分置出的宅基地资格权与土地承包权是集体农民通过享有成员权这一综合性权利,当然享有对应分配资格之权利的现实结果,亦是宅基地使用权与土地经营权入市的制度性权利入口。资格权入法既可解决集体农民流转财产性权利无法回归的后顾之忧,又可在振兴经济的周期内提供存量的生产资料。在资格权入法后,新型总有理论从指导立法转向收束使用权规范与定位资格权规范。可见,资格权入法在实然层面回应农村土地三权分置的政策安排与现实需求,新型总有理论在应然层面为农地三权内部结构优化提供理论支撑。

一、农村土地及其权利与农村集体经济组织

土地作为关键的生产资料,其权属历来属于政策与法律关注与规范的重点对象。中国农村土地的权属制度具有典型的本土化特征,相关立法塑形是历史、文化、经济与政策等因素的合力作用。从广义农村

土地制度的历史演进观察,农业经营模式之演绎、集体经济主体之变迁、土地权利制度之构建互相影响,从共享传统总有的理论逐步发展为塑造新型总有的制度机理。从历史性视角观察,新型总有关系与制度沿革之间具有前提上的适配性:农村土地的权属制度正在发生从政策到规范、从身份到契约的制度化演进,逐步实现在"中国式现代化"语境中的适应性嵌入。

(一) 农业经营模式发展的集约化

1949年中华人民共和国成立以来,中国农村土地权属历经农民土地所有制、半社会主义性质过渡形式的土地合作社所有制、土地集体所有制等阶段的制度变迁。农村土地所有制的变迁,导致农业生产经营模式同步历经个体经营、合作(集体共同)经营、家庭承包经营以及正在逐渐形成的规模化经营的发展变化。与经营模式变化相适应的,是我国农业生产经营主体历经个体农民、互助组合作社、人民公社农民集体、农户家庭以及现在作为非农业人口的农业生产经营者的角色演变。寻根溯源,现在由《民法典》规定为特别法人的农村集体经济组织(以下简称"农村集体"或"农民集体"),即由相关发展阶段中的互助组合作社、由互助组合作社组建成的生产队/生产大队、由生产队/生产大队组建成的人民公社等逐渐演化而来。相应地,农业生产经营主体的变化背后是经营模式发展从集中化向集约化的转变,旨在通过土地要素投入与组合方式的不断调整与校验,发挥优势,增进效应。

(二) 农村集体经济主体的实定化

农村集体经济是指,"农村社区集体组织以本集体成员集体所有的财产,通过直接经营或者出资、发包、出租、出让、转让等方式实现价值增值,并以集体公共服务或者公平分配等方式实现集体成员利益的活动,以及农民专业合作社和各专业合作经济组织服务其合作成员的经济活动”[①]。集体经济的本质有两个方面:一方面是其作为一种经济形式,与其他经济形式一样,要求实现效率目标并追求经济效益的最大化,或者说在经济活动中以盈利为目的;另一方面,集体经济服务于集体成员,追求成员利益的最大化,是集体成员共同富裕的经济,是具象而非抽象的经济。集体经济的生产资料与要素的所有权属于本集体的成员集体所有,经营收益亦由集体成员平等享有。[②]

农村集体经济的特殊性决定通过新型总有理论而非私人所有权理论分析农村集体所有权的主体更具合理性。[③]“之所以有很多人指责集体所有权主体不明,是因为人们判断所有权主体明确性的标准只有私人所有权标准,对于集体所有权主体的明确性判断不能依据私有制的私人所有权标准判断,应当从集体所有权的特点出发作出判断”,质言之,“只要明确了特定的农民集体的集体成员资格(谁是集体成员)、明确了成员集体的团体性及其形式(何为成员集体)、明确了集体所有权行使中的集体组织与集体成员的权利义务和行为规则(成员集体如何行使所有权),就明确了集体所有权的主体”[④]。农村集体经济组织与其他经济主体的定性不同,一直使改革观察者处于纠结境地,根本原因在于这类组织属于一类存续普遍而又同构普通的经济组织体。为适应改革开放以来我国农村经济社会发生的重大转型,《民法典》第96

① 韩松:《论农村集体经济内涵的法律界定》,《暨南学报(哲学社会科学版)》2011年第5期。

② 参见韩松:《论农村集体经济内涵的法律界定》,《暨南学报(哲学社会科学版)》2011年第5期。

③ 参见孙建伟:《宅基地“三权分置”中资格权、使用权定性辨析——兼与席志国副教授商榷》,《政治与法律》2019年第1期。

④ 韩松:《农民集体所有权主体的明确性探析》,《政法论坛》2011年第1期。

条、第99条等规定农村集体经济组织为特别法人，第261条则间接承认集体农民的成员权[①]，在规范层面实现农村集体经济主体的实定化。一方面，《民法典》的现行规定虽未建构周备的农村集体经济组织法律结构，但法典将农村集体经济组织纳入特别法人的范畴仍然具有重要意义[②]；另一方面，农村集体经济主体的实定化在拓宽所有权主体法定维度的同时，还通过法典预留的"空框结构"为新型总有理论的发展及其在具体机制中的演绎提供充分空间。质言之，新型总有理论勾勒农村集体经济主体的制度进路，而农村集体经济主体的实定化印证新型总有的逻辑理路。

（三）我国农村土地权利的双重建构

1. 我国土地的二元结构

我国土地实行社会主义公有制，分为全民所有即国家所有与劳动群众集体所有。[③] 城市市区的土地属于国家所有；国家所有的土地，所有权由国务院代表国家行使。农村集体土地是指，农村与城市郊区的、除由法律规定属于国家所有以外的土地，属于农民集体所有的土地。"农民集体所有的不动产和动产，属于本集体成员集体所有"[④]，集体农民对集体土地享有占有、使用、收益与部分处分的权利，即集体农民对农村土地有使用权。

---

① 孙宪忠：《以集体成员权为基础推动农村集体经济组织立法》，《中国集体经济》2022年第10期。

② 陈甦：《农村集体经济组织法构众说窥略——有关农村集体经济组织法律形式变革的稿件编后感》，《法学研究》2022年第3期。

③ 《土地管理法》第2条第1款。

④ 《民法典》第261条第1款。

2. 我国农村土地的分类

农村集体土地有多种分类，不同分类的土地形成集体农民享有的不同权利。

（1）按照《土地登记办法》的规定，需要登记的农村集体土地主要有建设用地、宅基地与农用地，土地的权利形态主要有所有权与使用权；集体土地使用权，又分为建设用地使用权、宅基地使用权与农用地的使用权[①]。

（2）《民法典》第二编物权第三分编用益物权第十一章至第十五章，分别规定五种用益物权。其中居住权与地役权是建设用地、宅基地、承包经营农地的权利人为他人利益在这三种权利上设定的权利，即居住权与地役权均由前三种权利派生而来，与前三种用益物权有区别。一般据此认为《民法典》物权编事实上只规定集体建设用地使用权、宅基地使用权、土地承包经营权等三种用益物权，这与《土地登记办法》规定的“三权”相同。

3. 农村土地双重建构的三权分置

农村土地权利，主要是指仅依集体农民身份就能享有与行使的集体土地所有权之下的宅基地、农用地上的权利，即农村土地上的“资格权”，以及将因资格获利的土地权利又分离出去的权利。简言之，相关权利主要是指依集体农民身份获得的宅基地使用权，依法定程序将宅基地使用权转化为建设用地使用权后，依契约将该土地使用权流转给非本集体经济组织农民使用的权利；依集体农民身份取得的集体农用地承包经营权，又依契约将土地经营权流转给非农经营者使用的土地

① 《土地登记办法》第2条。

权利。集体农民占有、使用宅基地的权利,承包经营农地的权利,均属于集体农民依身份取得的农地权利;集体农民与非集体农民、非农经营者签订合同流转的宅基地使用权与农地经营权,是不具有本集体农民身份的人依契约取得的农地权利。因此,农村土地上的权利,存在着根据身份取得的农地权利与根据契约取得的农地权利双重构建模式。①

农村集体享有集体土地所有权包含对宅基地与农用地的所有权,前者与集体农民因农民身份而享有的宅基地使用权可以分置为宅基地所有权、资格权与使用权,后者与集体农民因农民身份而享有的土地承包经营权可分置为集体土地所有权、土地承包权(资格权)、土地经营权。在这两种权利体系各自分置的“三权”中,均以集体土地所有权为前提,宅基地资格权、农用地承包权均属于以集体农民身份取得的“资格权”。宅基地的使用、农用地的经营,既可以由农民自己行使占有使用、自主经营的权利,亦可以由符合条件的第三方基于契约而获得。以集体农民身份取得宅基地资格权、农用地承包权,与不依身份而依契约取得的宅基地使用权、农用地经营权,形成农村土地三权分置的双重权利内部构造模式。

农村宅基地、农用地三权分置,为农村基本经营制度的完善提供理据支持,为集体农民生存提供保障,属于农村土地市场化完善的关键。三权分置,使集体农民享有的依集体农民身份取得的权利,得以通过契约转接的方式在市场上进行流通;非农民等农业生产者,作为土地市场的主要参与主体,通过合法方式取得宅基地使用权、土地经营权,从而使农村土地的利用形式、农村土地的市场交易形式丰富多彩、灵活便利。需要指出的是,集体农民因身份取得的农村土地权利即农地“资

① 参见孙建伟:《宅基地“三权分置”中资格权、使用权定性辨析——兼与席志国副教授商榷》,《政治与法律》2019年第1期。

格权”，是农村土地三权分置中的核心权利。在宅基地与农用地利用的语境中双双设定资格权，其作用有三：第一，从逻辑理路出发，强调新型总有关系适用的融贯性，即集体成员身份的同一性决定成员在双重语境中均享有资格权；第二，从法理基础出发，强调新型总有关系的本质，即以维护生存者权为根本特征，通过特定群体身份识别廓清所有权主体的集合范围，在此基础上明确这一身份对应资格权的独立性；第三，从权利构造出发，强调新型总有关系内部权利结构之间的张力关系，尤其是资格权对使用权的收束功能，反映新型总有理论的现实意义。

二、集体农民使用宅基地的资格权

农村宅基地是基于农户现实需要而区分于农用地的集体土地，其在实质上承担集体建设用地的功能，据此，即便《民法典》分章规定集体建设用地使用权、宅基地使用权，基于两类权利对应土地性质的可转换空间极大，宅基地使用权变相入市的当地政策变通与农户个体规避也并不鲜见。又因宅基地是农村集体经济组织按照政策方针、法律规定、本地实情综合考虑后分配给农户无偿使用的土地资源，农户闲置相关土地而进城务工的情形亦不鲜见。一头是“头脑灵活”、意在变现的农户存在流转需求，另一头是背井离乡、消极处理的农户存在收益需求，这种二元需求是对二权分离不适应性的反馈，是对农户身份权与农地收益权二次分离的诉求，更是农地三权分置的根本动因。从本土性视角观察，新型总有关系与宅基地三权分置具有体系上的适配性：以新型总有关系为基础，确认并塑形宅基地资格权为主线的制度设计，能较好地在保留农户收回宅基地使用权的前提下，有条件地通过资格权与使用权的相对分离保障宅基地物尽其用，发挥使用价值，并较为明确且有效地回应理论争议。

（一）集体农民宅基地使用权的法律约束

中国作为传统农业大国，农民世世代代在自己生活的故土上修建住房与生产设施，以解决居住以及与农业生产有关的基本生存问题。农民自建房屋占用的土地被称为屋基，法律上称之为宅基地。自农村土地收归集体所有之后，农民只享有自建房屋所有权，不享有自建房屋占用的宅基地所有权。法律对农民占有使用宅基地的态度是，承认其使用权，不完全禁止其流转，同时对其使用权流转设置一定限制。《民法典》第363条规定："宅基地使用权的取得、行使和转让，适用土地管理法的法律和国家有关规定。"《土地管理法》第62条规定："农村村民出卖、出租、赠与住宅后，再申请宅基地的，不予批准""国家允许进城落户的农村村民依法自愿有偿退出宅基地，鼓励农村集体经济组织及其成员盘活利用闲置宅基地和闲置住宅。"

（二）集体农民宅基地资格权的内涵建构

第一，从权利定位而言，宅基地资格权应属于村民成员权的组成部分。第二，从身份属性而言，宅基地资格权强调取得宅基地使用权的主体资格是农户基于其成员身份，通过申请原始分配取得宅基地的资格。第三，从财产属性而言，宅基地资格权人完成申请后实际取得宅基地使用权。第四，作为一种综合性权利，宅基地资格权涉及两方面内容：一是身份权，即农户基于成员身份享有的宅基地分配请求权；二是财产权，即农户实际取得宅基地使用权这种用益物权。[①]

---

① 陈耀东：《宅基地"三权分置"的法理解析与立法回应》，《广东社会科学》2019年第1期。

宅基地资格权的重要功能是保障农民的居住,这是具有人身性质的权利。宅基地资格权作为申请分配宅基地的资格,是通过分配方式取得宅基地使用权的前提,其本身并非实体财产权利,不同于宅基地使用权。宅基地资格权仅指通过申请分配方式初始取得宅基地使用权的资格,并不包含持有宅基地使用权或通过转让等方式继受取得宅基地使用权的资格。①

在我国城镇化的进程、农村土地的征收、农村房屋的出租与出卖等流转环节中,宅基地使用权因集体农民身份获得,其财产功能越来越凸显,从而使"宅基地资格权便也具有了财产价值"②,宅基地资格权便成为集体农民依身份获得的财产权。法律不禁止农民房屋的流转,非集体农民可通过流转使用宅基地房屋,凸显宅基地资格权的财产性质。故,宅基地使用权能通过契约的方式进行流转,其交换价值在实践中得到承认。

(三)宅基地三权分置的理论争议

在集体土地所有权之下的宅基地使用权、资格权三权分置改革中,最重要的内容是农民基于契约的方式流转宅基地使用权。不少学者就三权分置提出自己的看法与主张。学者的不同看法,形成理论争议。这些争议,源于对政策的不同理解。

1. 宅基地使用权的权能扩张与否

在宅基地三权分置改革中,不能简单地扩张宅基地使用权的权能。

---

① 参见宋志红:《宅基地资格权:内涵、实践探索与制度建构》,《法学评论》2021 年第 1 期。

② 宋志红:《宅基地资格权:内涵、实践探索与制度建构》,《法学评论》2021 年第 1 期。

“改革制度的设计必须遵循基本立法政策，符合宅基地使用权的性质，不应单纯为宅基地使用权赋权扩能”。主流观点则倾向于，宅基地三权分置改革背景下，宅基地使用权赋权扩能是基本方向。“宅基地制度改革试点是沿着如何完备宅基地使用权的收益权能、增加农民财产性收入的思路而展开。”①

2. 宅基地增值部分的归属之争

宅基地增值、收益权的归属，是有待商榷的问题。根据孳息物归所有权人原理，宅基地的增值应归土地所有权人——农村集体，而非宅基地使用权人；“从提高土地开发的整体效益考虑，对宅基地的空间开发的权利不应当赋予宅基地使用权人，而应当归于作为土地所有权人的农民集体”②。

3. 宅基地使用权能否流转之争

有人认为，宅基地使用权不能进行流转。或者说，宅基地使用权是否流转，不能由集体成员即占有宅基地的农民自行决定。“在立法政策还没有明确宅基地的市场化利用价值归于宅基地使用权人的情况下，进行宅基地使用权的出租、转让、抵押的权能制度设计，是缺少立法政策依据的”③；还有学者明确提出，“从宅基地用益物权权能完善的视角，应赋予宅基地使用权以转让权能，根据受让对象的不同实行有差别的交易规则；受让人为本集体经济组织成员的，可以取得宅基地使用权，相应地，转让人丧失宅基地使用权；受让人为非集体经济组织成员的，仅取得宅基地使用权的租赁权，相应地，转让人并不丧失宅基地使

① 高圣平：《宅基地制度改革政策的演进与走向》，《中国人民大学学报》2019年第1期。

② 韩松：《宅基地立法政策与宅基地使用权制度改革》，《法学研究》2019年第6期。

③ 韩松：《宅基地立法政策与宅基地使用权制度改革》，《法学研究》2019年第6期。

用权”[①]；“在逐步消除宅基地使用权受让人的主体身份限制后，应允许宅基地使用权人通过让与、租赁、作价入股、抵押、继承等多种方式对宅基地使用权进行流转”[②]。“‘三权分置’政策下，宅基地改革试点地区探索不同的流转方式，一定程度上允许社会主体参与流转，扩大了宅基地使用权流转范围和用途，形成流转市场，体现了宅基地的交换价值”“放开宅基地使用权的流转彰显了宅基地的财产属性，必然进一步释放被禁锢的土地价值，从而带来增值。”[③]

4. 宅基地使用权流转模式之争

有些学者放弃宅基地资格权作为理论分析工具，在理论上引进农房居住权，与宅基地所有权、宅基地使用权一起构成三权。在这个理论框架下，“居住权模式引入之后，农村宅基地流转模式将与城市国有土地流转模式一样，采取物权流转和债权流转相结合的模式”[④]。有的学者则在理论上引进宅基地利用权概念。“社会主体使用宅基地的权利可统称为‘宅基地利用权’”，“根据宅基地使用权人流转宅基地的方式，社会主体若为物权性利用宅基地，可有两个选择：第一，借鉴农地‘三权分置’中‘土地经营权’的称谓，将其称作‘宅基地经营权’；第二，不创设新的权利名称，视农户流转宅基地的方式，社会主体分别对应既有实定法中的法律行为，分别称作宅基地抵押权、宅基地受让权等”，“社会主体若为债权性利用宅基地，租赁场合称作‘宅基地租赁权’；出典场合，则称为‘宅基地典权’”，“这样，不仅能维持既有法律制度内容

① 高圣平：《宅基地制度改革政策的演进与走向》，《中国人民大学学报》2019年第1期。

② 刘宇晗、刘明：《宅基地“三权分置”改革中资格权和使用权分置的法律构造》，《河南社会科学》2019年第8期。

③ 杨雅婷：《“三权分置”下宅基地增值收益分配研究》，《法学家》2021年第5期。

④ 刘灿：《民法典时代的宅基地“三权分置”实现路径》，《法学论坛》2022年第1期。

不变,减少变法成本;亦能使政策中的宅基地‘三权分置’落实在法律规范之中”①。有学者建议采取单一性质的流转模式建构,即法定租赁权模式。具体而言,“宅基地法定租赁权,是指权利主体在特定条件下因继承、抵押权实现、买卖等方式获得宅基地上房屋及建筑物,但其无法获得宅基地使用权时,依照法律规定享有的在一定期限内有偿使用宅基地的权利”,“宅基地法定租赁权的设置,一方面可以促进宅基地的有效利用,增加农村住宅闲置成本,促使村民将多占用的宅基地早日交回集体;另一方面也可保障农民集体成员使用宅基地的公平性,在房屋出让人(原宅基地使用权人)、农民集体(宅基地所有权人)之间建立一种利益分配机制;同时还为农村房屋买卖、抵押的实现提供了制度依托,有效保障了农民房屋财产权”②。

(四)宅基地使用权的分离与回复

上述理论争议主要有以下三个特征:第一,主要在静态思维下寻求解决方案,未能充分考虑制度演进中形成的惯性;第二,主要在现象中抽象理论,未能从现象产生的前提中提炼理论;第三,主要受困于多解中求一解,而非在无解中求解。此时,不妨按照“理论范畴—现实前提—现实需求—理论支持”的校验进路,观察宅基地使用权的分离与回复所对应的前提、体系与发展,而不再停留于农地三权分置静态格局的推演,或可在排列组合的诸多制度设计选项中,明确核心,把握重点。

1. 宅基地使用权的分离与回复符合所有权原理

农村集体将享有所有权的部分土地,无偿分配给本集体组织成员

---

① 陈耀东:《宅基地“三权分置”的法理解析与立法回应》,《广东社会科学》2019 年第 1 期。

② 陈小君:《宅基地使用权的制度困局与破解之维》,《法学研究》2019 年第 3 期。

作为修房造屋的宅基地，是将集体土地的占有、使用、收益权能分离出去，是所有权人行使的处分权。分离出去的权能在约定期限内由非所有权人即限制物权人享有。在集体农民享有的宅基地使用权中，权利人可以通过法律与事实上的处分，获取更多的收益。事实上的处分即自己占有使用宅基地，修建房屋，自己居住与使用；法律上的处分即将自己的宅基地房屋出租、出卖、赠与他人经营、使用，自己收取更多更大的生存利益，以实现合法权益的最大化。①

2. 宅基地房屋的流转在农村已大量存在

宅基地使用权的流转其实一直在农村存在，因农村房屋只能在集体成员之间流转，故而城镇居民与集体农民之间的农村房屋流转在农村土地改革前大多以隐性的方式存在。又因农民自建的宅基地房屋所有权与地基所有权分离的特殊权利构造，中国农村宅基地使用权有习惯规则与法律规则两套权利规则体系。按照农村习惯规则，农民通过集体分配获得宅基地后，就自由占有使用宅基地。农民在宅基地上盖房子，盖多大、盖几层、盖何种式样，盖好房屋是用于自住还是出租、在家庭成员中如何分配，均属于取得该宅基地的集体农民“自己的事”，农民对分配的宅基地及其上建造的房屋有支配的权利。在广袤的农村地区，农户以农民身份取得宅基地后自行支配与处置宅基地属于正常的事，亦是常有的事。“尽管不叫买卖，事实上宅基地使用人已经将宅基地以一个价格‘永久’给另外的人使用。”②在实践中，宅基地使用权的分离是按农民的需要进行的，流转形式多样化，包括出租、赠与，甚至买卖。

① 唐烈英：《夹缝中的兴盛：论农地“三权”抵押的法禁令行》，《社会科学》2016年第1期。

② 刘守英：《农村宅基地制度的特殊性与出路》，《国家行政学院学报》2015年第3期。

3. 宅基地房屋的市场化流转应当保留合理的空间

当法律并不禁止宅基地随其上的房屋流转，该如何处理集体农民行使宅基地房屋所有权、宅基地使用权与农民分配宅基地资格权的分离与回复？

允许宅基地使用权与农民的资格权分离，即允许宅基地使用权的流转。宅基地使用权流转让权利人自行作主。关于宅基地是否流转、如何流转，法律是否有必要"一刀切"，是否需要规定单一的流转形式，以及是否需要否定实践的做法等都值得进一步考虑。更为可行的方法是，因人制宜，因地制宜。只要能够平衡好效率与稳定的关系，不妨承认多种形式的流转方式。

4. 农民宅基地资格权的回复效能检视与理据

允许宅基地使用权与资格权分离的前提，是农民资格权的回复。

集体农民处分宅基地住房之后，可以基于宅基地资格权"回购"已出卖的宅基地使用权与农房所有权。"对于农户来说，其住房财产权被直接处分给买受人、间接处分给集体经济组织，虽然只剩下被让渡一空的象征性的资格权，却可以通过向集体经济组织赎买的方式，'回购'已被出卖的宅基地使用权及农房所有权，再次盘活其所拥有的宅基地资格权，以此充分保障宅基地用益物权人资格权的行使，避免宅基地使用权在事实状态上处于集体经济组织成员的控制之外，对农户资格权的保护失之于宽。"①

允许宅基地使用权与农民人身性质相连的资格权分离与回复，符合物权权能分离与回复的理论，亦符合《土地管理法》第62条"鼓励农

---

① 李谦：《宅基地使用权入市困局及破解——从社会保障与住房财产权二者间的矛盾说起》，《河南社会科学》2021年第4期。

村集体经济组织及其成员盘活利用闲置宅基地和闲置住宅”的规定。

至此，通过分析宅基地使用权的分离与回复，一些理论争议已有较为明确的制度设计或制度发展走向。第一，宅基地使用权权能扩张具有两面性：一方面是不得侵蚀资格权，而应当由后者予以收束，另一方面应当扩大收益权能的现实应用场景，宅基地使用权分离的宗旨即在保留可回复性的前提下，保障宅基地使用权收益的全面覆盖性。第二，宅基地是农村集体经济的产物，后者是具象经济，宅基地增值部分归属于农户本身，这即以特殊法人而非一般法人赋予农村集体经济组织以法律人格，通过对农村集体经济组织身份的概括确权，更好地保障农户个体的生存者权与发展权。第三，在实现二权分离向三权分置的过渡后，宅基地使用权自然可以流转，且随着资格权行使条件的逐步明确，宅基地使用权的流转模式必将越发多样。

（五）宅基地市场化的必要与路径

宅基地使用权的分离与回复属于新型总有关系在具体机制中的现实演绎，而宅基地市场化的广泛需求则为新型总有理论提供现实基础，证成这一理论并未将简单问题复杂化而形成理论“虚假的繁荣”。

在现实中，“农村集体建设用地中70%—80%是宅基地，如果宅基地流转只限于集体经济组织内部，少量的经营性建设用地入市不足以构建起城乡统一的建设用地市场”①。如果只允许农民宅基地房屋在集体农民之间流转，实际上将大幅限制宅基地使用权能的分离与回复范围，使原本就限制物权的宅基地使用权进一步受限制。在中国城市化、城镇化进程中，调整相关规划的立法由《城市规划条例》到《城市规

---

① 蔡继明：《推进“四位一体”土地制度改革》，http://ex.cssn.cn/jjx/jjx_gd/201701/t20170106_3372634.shtml。

划法》再到《城乡规划法》,规范对象越来越多样,规范层级越来越高,城市规划区域也从城区到城市近郊再到乡村县镇,在城市城镇城乡一体化进程中,大量的农村集体土地通过各种"变通手法",转化为城市国有土地。当然,具体的宅基地使用权关系,只应放在农民集体与集体农民的关系之中,而不能直接置于农民与国家关系之中。宅基地使用权是农村集体为农民住房提供的必要保障;宅基地的免费分配是集体经济组织作为宅基地所有权主体,向其成员提供生活资料以行使所有权的具体表现形式。

宅基地分配与使用的无偿性,使很多入城务工、居住的农民将宅基地闲置而毫不在意,形成大量的土地浪费。如果将闲置的宅基地及不能居住房屋的土地转换为集体经营性建设用地后入市,由入城的农民自主地流转与处分,并据此获得宅基地价款的补偿,不管是高额补偿还是廉价补偿,均能缓解农民入城后购房等方方面面的经济尴尬,并能充分体现其意愿。宅基地价款直接归入土地权利人集体农民的做法,表面上更符合集体农民的利益与意愿,其实与地方政府、集体经济组织的利益亦相吻合:一是减少土地的闲置与浪费、增加城市建设用地,地方政府的政绩迟早会显露出来;二是集体经济组织不插手宅基地入市收入,减少基层组织的贪污、侵吞村民土地款的违法事件;三是宅基地价款的高低取决于农民自己的处分意愿,自主处分宅基地的集体农民自负营收,不会激化社会矛盾。据此,宅基地入市由村民收取土地款项,符合三方利益。

可见,新型总有理论突出农民的身份属性,设计宅基地使用权的分离与回复,具有两方面的意义:第一,是对传统总有理论的承继,是对宅基地原始分配过程与结果的尊重,并为农民在风险社会中恰如其分地自处提供制度保障;第二,是对传统总有理论的发展,是对市场经济发展规律的尊重,即宅基地市场化本身是打破总有理论"封建性"的关键,是新型总有理论与传统总有理论"新老划断""分道扬镳"的标志。这里需要指出的是,正因新型总有理论突破本身固有的封建属性,使其在基本的权利配置格局中具有更为开放的权利适用机制,这种开放的权利适用机制的正当性在于农民在风险社会中主动寻求获取收益的机会与本身即可能对抗风险,一味禁锢农地的市场化发展并非上策,这亦使资格权成为对使用权的"底线收束"而非"空间收束",从侧面印证三权分置是推动农民权益保障制度化与农地利用市场化的"双轮驱动"。

三、集体农民承包农用地的资格权

与在宅基地使用权完成立法确权的同时分离出宅基地资格权不同,土地承包经营权的市场化运行已历经一段时期,土地承包经营权的分离更多是从立法层面明确土地承包权与土地经营权的分野。从本土性视角观察,新型总有关系与农用地三权分置同样具有体系上的适配性,如宅基地资格权的确立是为集体农民解决宅基地使用权流转后无法回复的后顾之忧,进而推动闲置宅基地的市场化利用。农用地权利制度在完成集体土地所有权与土地承包经营权的二权分离后,再次于土地承包经营权内完成土地承包权与土地经营权的二权分离,从而实现三权分置,旨在进一步规范农用地经营权的行权条件与边界,为规范土地承包经营权的市场化利用提供从包含权能(占有、使用、收益的权能)到成为"权利束"(土地承包权、土地经营权的明文确权)的制度进阶。

(一)集体农民基于身份获得的土地承包经营权

《中华人民共和国农村土地承包法》(以下简称《农村土地承包

法》)第2条定义的农村土地实际上是用于农业生产的土地,被称为农用地。农村土地中直接用于农业生产的农用地,数量巨大,远远多于其他农村土地,故而规范其流转利用,具有重要意义。

1. 集体农用地的"两权分离"

我国农用地的经营历经集体统一经营、分配,"双包"[①]到家庭联产承包责任制,再到"实行家庭承包经营为基础、统分结合的双重经营体制"[②],随着农业生产经营体制变化,农村集体经济组织、农村基本经营制度也逐渐发生重大改变。中国经济体制的改革,首先从农村开始。自农村土地经"二轮承包"后,农业经营基本形成家庭经营、小地块耕种的分散耕种模式。"交足国家的、留足集体的、剩下是自己的",家庭承包责任制在一定时期内激发农民经营农业的积极性,释放出农民经营农村农业的热情,有效地提高农村生产力,使农村经济一时间蓬勃发展,农民经济条件迅速好转。改革之初,基层集体农民创造出土地承包经营权与集体土地所有权"两权分离"的农村土地利用新模式。这种农地产权结构的"两权分离"形式最终得到《物权法》《农村土地承包法》《土地管理法》等相关法律的确认,农民依身份取得的农用地承包经营权被法律赋予物权属性。

然而,家庭承包经营导致农地条块小型化耕作,使农业生产效率低、抗风险差,经济发展缓慢,低于在城市打工的收入。"两权分离"的缺点开始凸显,无法长久地调动集体农民对农业生产的积极性,无法使已进城工作与生活的集体农民有返乡务农的积极性。事实证明,从人民公社的统一经营到双重经营模式再到"两权分离",这些模式并非完

① 双包,即包产到户、包干到户。

② 《宪法》第8条第1款。

全符合中国农村逐渐演变中的生产经营现状。

2. 农用地三权分置的必然趋势

随着经济社会的发展,城乡一体化、城镇化的稳步推进,农村人口大量进城工作生活,农业劳动力向城市流动、农业人口向城市流动,农村空心化日益严重,农村宅基地闲置、承包的农用地通过种种方式流转;当农业专业企业、有农业经营能力的非农人士,带着资本涌入农村进行投资、大规模经营农地之时,大量的传统农民农村人口与城镇居民的区分越发不明显,农业与农村企业的联系更加紧密,农村集体经济组织对集体农民的组织与约束越来越松散,农业经营形式更加趋于多种样态。农地产权结构,不仅由集体的土地所有权与承包农户的土地承包经营权构成,在城市资本、农业企业大量涌入农村大规模经营农业后,农村土地改革实践中还迫切需要一种新的农地权利:由非农经营者享有的农地经营权。

(二) 集体农民的土地承包经营权二元构建模式

1. 农用地三权分置的演进

习近平总书记指出:"深化农村改革,完善农村基本经营制度,要好好研究农村土地所有权、承包权、经营权三者之间的关系""要在坚持农村土地集体所有的前提下,促使承包权和经营权分离,形成所有权、承包权、经营权'三权分置',经营权流转的格局。"

2014年,党中央国务院印发的《关于全面深化农村改革加快推进农业现代化的若干意见》规定:"在落实农村集体土地所有权的基础上,稳定农户承包权、放活土地经营权。"这一表述,后被称为"农村土地三权分置"。"三权"指农村土地所有权、承包权、经营权。当年,农用地三权分置作为全国性政策得以确立。同年9月29日,中央全面深化改革领导小组第5次会议审议通过《关于引导农村土地承包经营权有序流转发展农业适度规模经营的意见》。在该意见中,对农村改革的部分中提出:“坚持农村土地集体所有,实现所有权、承包权、经营权‘三权分置’,引导土地经营权有序流转。”2014年11月20日,国家两办印发《关于引导农村土地经营权有序流转发展农业适度规模经营的意见》,规范并细化农村土地三权分置的改革措施。2017年中央一号文件《关于深入推进农业供给侧结构性改革加快培育农业农村发展新动能的若干意见》进一步提出:“落实农村土地集体所有权、农户承包权、土地经营权‘三权分置’办法。”2017年十九大报告提出:“巩固和完善农村基本经营制度,深化农村土地制度改革,完善承包地‘三权’分置制度。”

2019年修改后的《农村土地承包法》,全面反映三权分置。从土地所有权中派生出来的土地承包经营权,由具有集体农民身份的人享有,在承包期间,其经营或流转不受发包人干涉;从土地承包经营权派生出来的土地经营权,由非农经营者通过市场交易而享有,在约定流转期间,享有合法的经营农村土地的权利,不受农民集体或承包农地的集体农民的不当干预。在中国农村改革实践中,农用地三权分置能满足农业专业人员作为市场主体日益迫切的适度规模经营需求,也能帮助国家解决农村土地日趋明显的人、地分离问题,顺应农村土地产权制度改革的需要与土地要素有效流转的现实要求,开创农业生产经营新模式,取得良好的经济效益、社会效益。

2. 土地承包经营权的二元构建模式

在农村集体经济组织及其成员享有的土地权利划分土地所有权、土地使用权框架下,以集体农民身份获得集体土地上的权利,再将这种身份权利分离(流转)出去,就成为三权分置有效的中轴。以集体农民身份获得的土地财产权、由有集体农民身份取得土地财产权人通过签订契约流转出去的土地财产权,即农村集体土地上的权利,二者形成基于集体农民身份获得的土地财产权与基于契约获得的土地财产权双重构建模式,这成为农村集体经济发展的必然。从“两权分离”到三权分置,为完善农村基本经营制度、构建现代农业经营体系提供理论支持。在保障承包农户利益不受损的前提下,农地权利的市场化是完善农村基本经营制度的关键。

农村集体土地划分为身份土地财产权、契约土地财产权,是解释三权分置的有效工具。其背后是基于特殊的农村社会结构中集体所有权与成员权所形成的新型总有关系。

3. 土地承包经营权的制度功能转型

集体农民是农村集体经济组织存在的基本要素,更是行使农村土地集体所有权以及土地承包经营权、土地经营权的主体。在“两权分离”语境中,土地承包经营权只有具备本集体成员身份的人才能取得和享有。《农村土地承包法》规定,“国家实行农村土地承包经营制度”“农村土地承包采取农村集体经济组织内部的家庭承包方式”“农村集体经济组织成员有权依法承包由本集体经济组织发包的农村土地”“任何组织和个人不得剥夺和非法限制农村集体经济组织成员承包土地的权利”“家庭承包的承包方是本集体经济组织的农户”。[①] 这些规定表明,农村土地承包权只能由具有集体农民身份的主体来行使。

《农村土地承包法》规定,承包方“依法享有承包地使用、收益的权利”;国家“保护承包方的土地承包经营权,任何组织和个人不得侵

① 《农村土地承包法》第3条、第5条、第16条。

犯”。这些规定[1]表明,集体农民对自己承包的农村土地享有占有使用自主经营的权利。

我国实行改革开放后,人民公社统一经营农村土地的情况结束,农村劳动力外流进入城镇。外出的集体农民大多不在农村居住、不在农地上劳作。外出的集体农民的集体成员资格应如何对待?集体农民身份的保留与固定,涉及这部分农民能否享有集体土地增值利益、能否促进农村劳动力流动,以及推进与实现城镇化进程等问题。为解决这一系列问题,《农村土地承包法》规定,国家保护承包方依法、自愿、有偿地进行土地承包经营权流转,承包方依法享有土地承包经营权流转的权利[2]。对于有资格承包集体土地却不需要实际经营土地的农户,有权将自己享有的土地经营权流转出去,获得一定的收益;承包农村土地的集体农民,除自己占有使用农地、在农地上获取收益外,亦有权流转自己享有的土地经营权,获得一定的收益。集体农民享有流转承包土地的经营权,可以将全部的土地经营权流转出去,但因流转土地承包经营权的对象只能是集体农民,其中的承包权具有身份性,集体农民不能将承包权流转给集体农民以外的非农经营者或者可以只将土地经营权流转出去,保留自己以后承包农地的权利。土地经营权流转的对象,可以是集体农民,亦可以是非农经营者。

集体农民享有的土地承包经营权依法可以分离为土地承包权、土地经营权,这就使土地承包经营权同时具有身份权与财产权特征。其中,集体农民享有的土地承包权,是依农民资格享有的身份权利。该权利主要有承包本集体农村土地的权利以及附随决定是否在承包地上自主经营的权利、以种种法定方式将承包的土地全部流转出去的权利。

---

① 《农村土地承包法》第17条第1款、第8条。

② 《农村土地承包法》第10条、第17条第1款。

总之,国家给予集体农民对于依身份取得的土地承包权以极大的自由处置权利。

4. 土地承包权与土地承包经营权之比较

农用地的三权分置,以及农民依身份享有农地承包权、非农民的农业生产经营者依合同享有土地经营的二元权利构造模式,都能真实地反映农村生产经营模式的演变,是农用地从计划到市场、从身份到契约、从静态到动态转化的客观写照。

《农村土地承包法》第 9 条明确土地承包经营权之下的土地承包权与土地经营权的分野。其中,土地承包权作为土地承包经营权的制度承接、土地经营权的制度衔接,属于集体农民享有的对农用地进行占有、使用、收益的资格权。至此,农用地的三权分置实质性地完成从政策到规范、从身份到契约的现实转型,同样为"农民"这一传统身份附加职业特征。

总之,三权分置、建立二元权利模式,其指导思想就是要促进土地经营权流转,逐步实现农村土地制度改革,达到农村土地制度变迁的目的。其中,土地承包经营权的二次分离表明,农地权利内部结构的优化并不以"二权"为限,或不以"三权"为止,而是与时代发展、观念演进的特性息息相关:一方面,总有关系随制度的理解与需求同步演进,且因为社会文化与政法体制的惯性而具有超越工具论层面的价值,这就表现为"二权分离"作为新型总有关系的雏形,为农地利用观念从"线"到"面"提供理据支持,三权分置作为新型总有关系的发展,又进一步为农地利用观念从"面"到"体"提供理据支持;另一方面,总有关系虽然在不同历史条件下基于自身的理论基础衍生出新的情境化内涵与制度解释空间,但从制度变迁的逻辑角度观察,其理论延伸并非静态与恒定,依然在时空条件下提供价值,并在制度迭代的过程中以其不断生发的回应性为制度变迁提供“缓冲”。

四、农村土地资格权的入市衔接

农村土地的权利格局从“两权分离”迈向三权分置并非简单的政策化操作,亦非将既有权能实现权利化的宣示性表彰,其背后存在更深层次的制度考量。长期以来,中国一直属于农业大国,时至今日,农业作为第一产业在中国仍然起到举足轻重的作用,而保障农业生产的生产资料——土地,自然是制度变迁时“稳中有变”“稳中求变”的重中之重。三权分置的核心从法律的应然视角出发,表现为权利的进一步边界厘定与内涵廓清,而从法律的实然视角观察,其包含立法者严格把握农村土地制度实施现状后以政策为导向、立法为保障释放的发展方向延伸的积极信号。

同时,农村土地资格权是集体农民作为农村集体经济组织成员的成员权体现,确立了农村土地资格权的独立性,也反映了国家对农村土地权利制度中私权体系建构的重视。而农村土地资格权与使用权之间的有因性,尤其是农村土地资格权对土地使用权而言的前摄性,既为土地资源市场化配置的进一步优化提供制度基础,又为农民权益、农地安全等提供兜底性制度保障,还为农民收益、非农民市场主体收益与国家经济实现“帕累托改进”提供制度动力。

(一) 农地改革面临的基本情况

我国宪法规定,农村与城市郊区的土地,除由法律规定属于国家所有的以外,属于集体所有。《民法典》规定:农民集体所有的不动产属于本集体成员集体所有；属于集体农民所有的集体土地所有权，不管是村农民集体所有的、分别属于村内两个以上农民集体所有的，还是属于乡镇农民集体所有的，均由“各该集体经济组织或者村民小组依法代表集体行使所有权”①。

作为传统的农业大国，农村人口数量庞大。相较城市居民，农民社会保障水平偏低。在我国土地公有制中，属于国家所有的城市土地远远少于属于集体所有的农村土地。农村土地直接关涉中国众多农民的居住、国民的粮食安全、国土的生态环保、村民们的故土情感等衣食住行方方面面的生存基本需求。就我国农村土地管理，国家总是以“稳定”为先，稳中求发展。维持农村土地资源的安全、稳定，促进农村经济蓬勃发展，使广大农民在农村土地上劳作、生存、发展、安居乐业，对于国家经济的发展有着重要意义。长期以来，我国通过农村土地立法，限制农村土地权利类型，将农村土地牢牢维持在相对静止状态，防止发生大规模的农民失地风险，保障农村社会安定。

随着城市化进程持续提档增速，多数青年农民弃农进城，不在农村生活居住后，农业人口非农化趋势日益显著，集体农民对土地的依赖性逐步削弱，对农村土地的需求大大“松动”；同时，农村土地资源的静态利用，仅仅发挥对集体农民生存的基本保障功能，不能吸引足够的产业资金进入农村社会，从而形成闲置农地的浪费，压抑农村土地财产、融资等功能。当农村人口大量涌入城市时，城市化的发展、城镇化的扩张就成为必然。城市城镇土地的存量有限，势必会突破城乡边界，向广袤的农村索取、吸收土地。这就为农村土地流向城镇提供可能，也使闲置农用地向非农民的农业经营者流转成为可能。随着国家振兴乡村战略

① 《宪法》第10条、《民法典》第261—262条。

推进,发掘并激活农村内生发展动力、实施农村土地改革成为必然。

农地改革面临的基本情况:一是农村集体土地覆盖面广、涉及人数众多,改革需求大;二是农村集体土地承载社会保障功能,改革风险高;三是不同农村区域之间差别大,全面改革难度大。

(二)农村土地资格权引导的土地权利内部结构优化

农地归农民自主使用与收益,当国家需要使用农村土地时,由国家强制征收、土地征收费经市县乡村四级才拨付到自主用地的农民手中,这种农村土地流转模式难以实施,会触动农民的既得利益,激化社会矛盾。

据此,党中央国务院及时出台有关农村土地流转的各项政策,《土地管理法》《农村土地承包经营法》就农村土地流转内容进行修改,将农民手中掌握的农村宅基地、承包经营的农用地权利进行三权分置,积极采取"还权于民"的各种措施。2023年1月2日,中共中央、国务院发布《关于做好2023年全面推进乡村振兴重点工作的意见》,指出"稳慎推进农村宅基地制度改革试点……探索宅基地'三权分置'有效实现形式""深化农村集体经营性建设用地入市试点,探索建立兼顾国家、农村集体经济组织和农民利益的土地增值收益有效调节机制""引导土地经营权有序流转,发展农业适度规模经营……健全社会资本通过流转取得土地经营权的资格审查、项目审核和风险防范制度,切实保障农民利益"。

农村土地基本法律的修改,党政国策的颁行与三令五申,农村集体土地的三权分置,资格权、财产权的二元结构模式均表明:掌握在农民手中的农村土地权利的今后流动方向与模式,不仅仅是农村流向城市城镇，单纯依赖征收补偿机制，还应推进集体土地所有权的横向流转。

农村土地权利的行使，反映国家、农民集体与集体农民的三方关系。能否处理好这三方关系，是农村集体土地改革能否成功的关键。维持农村土地的长期收益，持续发展农村经济，长久稳定农业生产安全，维护国家利益、农村集体利益兼顾集体农民的合法利益，始终是国家管理农村土地的重要职责，也是农村土地管理的首要任务。然而，长期以来，土地管理法制存在"权力中心化"弊病，如农村土地的流转只能以征收方式收上来，以出让方式流转给需要用地的人。在土地管理中，客观上存在着"权力中心化"，政府管控农村土地的权力干预范围过广、干预力度过大、干预事项过细，抑制集体土地所有权人与其他土地使用权人自治能力的成长，束缚用地实践活动的创新活力，最终束缚新型土地权利的产生以及既有土地权利权能之拓展[①]。

农村集体土地所有权由农村集体行使，那么国家究竟该如何管理集体土地？就政府利用国家权力管理集体土地，已有学者提出较为完善的措施[②]，归纳为以下几个方面。

（1）未来我国土地管理应采纳"政府—市场"上下联动模型：在确保土地社会主义公有制前提下，推动市场机制在土地资源配置过程中发挥决定性作用，而代表国家管控的政府应逐步从土地权利流转领域退出，最终回归到负责土地利用规划、耕地保护、土地整治、用地纠纷化解等职能监管者角色。

（2）政府利用与依靠国家权力，对土地资源配置过程进行必要监管，防范土地流转过程中自由博弈可能引发的土地资源无序开发、闲置

① 陈小君：《民法典时代土地管理法制改革契机与优化路径论纲》，《学术月刊》2022年第3期。

② 陈小君：《民法典时代土地管理法制改革契机与优化路径论纲》，《学术月刊》2022年第3期。

浪费、耕地流失、地力减损、恶性兼并、盲目流转等风险。

(3) 农村集体享有的土地所有权、集体农民享有的农地使用权、由集体农民流转出去的宅基地使用权、农用地经营权，严格来说，都属于民事物权的范畴。随着我国市场经济体制日趋完善，国家管理农村土地及其权利时，“应当贯彻‘私权自治与权力干预相统一’‘资产效益与生存保障相统一’‘协同发展与差异调控相统一’及‘效益增长与持续发展相统一’等基础对接原则”；按照“政策引导—试点先行—入法推广”路径，对农村集体土地的管理，切实从“权力中心”向“权利中心”转换，让农民对自己享有的“资格权”是否转移、如何入市，自主地进行选择与处理。

需要指出的是，上述制度举措之所以“应景”，是因为其具有新型总有的理论资源支持：资格权入法属于现实的制度变量，这一变量当然地为农地“三权”内部结构优化提供依据，为制度举措的“适法”提供依据；与此同时，总有理论的可塑性与回应性为新型总有关系的确立与发展提供依据，当然地成为资格权入法在先验与经验的辩证统一中得以实现的依据。据此，从发展性视角观察，新型总有关系与制度迭代具有过渡意义上的适配性。

第五章
宅基地三权分置的应用路径与“户有所居”的法律实现

宅基地是农村村民用作住宅保障的用地，属于集体所有，并无偿提供给村民使用。《民法典》第 362 条至第 365 条对宅基地使用权作出规定，其中第 363 条规定：“宅基地使用权的取得、行使和转让，适用土地管理的法律和国家有关规定。”可见，宅基地三权分置并非局限于民法内部的封闭议题，必须先从《土地管理法》等相关法律法规出发，厘清宅基地三权分置的制度政策背景，即讨论宅基地三权分置，须将其放到“户有所居”的政策背景中进行审视。

一、“户有所居”问题的缘起

2019 年全国人民代表大会常务委员会作出了修改《土地管理法》的决定，将原第 62 条第 2 款修改为现行《土地管理法》第 62 条第 2 款，即“人均土地少、不能保障一户拥有一处宅基地的地区，县级人民政府在充分尊重农村村民意愿的基础上，可以采取措施，按照省、自治区、直辖市规定的标准保障农村村民实现户有所居”。这就将 2014 年中央审议通过的《关于农村土地征收、集体经营性建设用地入市、宅基地制度改革试点工作的意见》(本章简称《意见》)中的“探索农民住房保障在不同区域户有所居的多种实现形式,健全农民住房保障机制”进行了法律转化,并吸收了 2018 年国务院发布的《关于农村土地征收、集体经营性建设用地入市、宅基地制度改革试点情况的总结报告》(本章简称《总结报告》)中关于健全宅基地权益保障方式的建议。[①] 由此,“户有所居”从政策概念转化为法律概念。

对于如何保障农村村民实现“户有所居”,现行《土地管理法》并未对具体实现方式进行明确规定。尽管宅基地制度改革自 2015 年已着手实施,并将改革试点由原先的 15 个增加到 33 个试点县(市、区),但由于各地发展情况不同,截至 2018 年底尚未形成可复制、可推广的制度经验。故而,在 2020 年 9 月又开启了第二轮宅基地改革试点工作,并将试点范围扩大到 104 个县(市、区)和 3 个地级市,但在第二轮宅基地改革试点过程中保障农民“户有所居”进展如何,当下学界还有待研究。尽管有学者选取了 38 个有关宅基地管理与建房申请审批的地方文件以及 3 个实地调研样本对“户有所居”进行研究,将“户有所居”保障方式归纳为“原村原址”“原村新址”和“新村新址”三种主要模式,并指出了宅基地管理与建房管理混乱等问题,但由于其选取样本的时间距第二轮试点改革开始时间接近且并非全样本分析,在实证研究层面还有可发掘空间。[②] 此外,有学者将“户有所居”作为未来宅基地制度改革的新方向,主张其不仅适用于城镇规划区,还可在乡村中实行,并提出了农民住宅建设用地集体所有权制度、农民户有所居购房资格权

① 《总结报告》建议:“对人均土地少、不能保障‘一户一宅’的地区,允许县级人民政府在尊重农村村民意愿的基础上采取措施,保障其实现户有所居的权利。”

② 参见管洪彦、夏旗:《农民户有所居的实践探索与改革思路》,《山东警察学院学报》2021 年第 2 期。

制度等；[①]也有学者以"户有所居"为视角试图构建共享宅基地使用权以作为宅基地制度改革的方向。[②] 这就形成了一种以"户有所居"取代"一户一宅"的学术研究倾向。

综上，当下学术界和实务界围绕如何保障农民实现"户有所居"衍生出了两个问题：一是"户有所居"的法律定位是什么，其是取代"一户一宅"还是补充？学界倾向于取代，实务上还有待研究；二是"户有所居"的法律实现路径是什么？实务上是否形成成型的路径有待进一步探究，学界发挥的制度想象力还需现实支撑。对此，有必要首先回归到法教义学研究路径上，对"户有所居"进行规范性分析，理出"户有所居"的法律定位以及法律实现方式，然后通过对以往改革试点经验进行总结归纳并甄别出较为妥当的实现路径，最后对《土地管理法》第62条第2款作出具备可操作性的法律回答。

二、"户有所居"的法律规范

当前有关"户有所居"的研究主要从两个角度展开：一是基于已有改革实践进行经验总结，从而针对实践中的问题提出对策；二是围绕"户有所居"展开法社会学的制度建构，以期为未来我国宅基地制度改革提供可行方案。然而，当下"户有所居"已从政策概念转换为法律概念，有必要回归法教义学对其进行规范分析。

---

① 参见韩松：《论乡村振兴背景下农民户有所居的住房保障》，《法律科学(西北政法大学学报)》2022年第2期。

② 参见史卫民、董鹏斌：《户有所居视角下共享宅基地使用权的法律规制》，《湖南农业大学学报(社会科学版)》2021年第2期。

(一)“户有所居”法律定位的规范分析

目前,以“户有所居”为关键词在北大法宝中进行全文检索,可检索到2部法律、1部行政法规、17部部门规章;[①]以“户有所居”为关键词在北大法宝中进行标题检索,只能检索到5部地方规范性文件。[②]

其中,具有法律性质的《土地管理法》第62条第2款规定“人均土地少、不能保障一户拥有一处宅基地的地区,县级人民政府在充分尊重农村村民意愿的基础上,可以采取措施,按照省、自治区、直辖市规定的标准保障农村村民实现户有所居”。据此可知,在该条规定中“人均土地少、不能保障一户拥有一处宅基地的地区”“充分尊重农村村民意愿”应为“户有所居”适用的前置性条件,因而在现行法律中“户有所居”并非替代以往的“一户一宅”制度,而是对以往“一户一宅”制度的补充,这就形成了以“一户一宅”为主,以“户有所居”为辅的制度格局。

在《土地管理法》法律位阶之下的各种法律规范性文件也基本遵循了这一立法精神。例如,自然资源部和农业农村部联合发布的具有部门规章性质的《关于保障农村村民住宅建设合理用地的通知》中直接援引了《土地管理法》第62条第2款的规定,并明确指出“充分尊重农民意愿,不提倡、不鼓励在城市和集镇规划区外拆并村庄、建设大规模农民集中居住区,不得强制农民搬迁和上楼居住”[③]。又例如,中央农村工作领导小组办公室和农业农村部联合下发的《关于进一步加强农村宅基地管理的通知》中首先明确了严格落实“一户一宅”的规定,

---

① 以“户有所居”为关键词在北大法宝中全文检索,载北大法宝,https://www.pkulaw.com/,2023年10月8日访问。

② 以“户有所居”为关键词在北大法宝中标题检索,载北大法宝,https://www.pkulaw.com/,2023年10月8日访问。

③《自然资源部、农业农村部关于保障农村村民住宅建设合理用地的通知》(自然资发〔2020〕128号)。

而后才指出人均土地少、不能保障"一户一宅"的地区可采取措施保障户有所居。因此，从现行法律规范来看，当下的宅基地制度在很大程度上依旧保留了"一户一宅"这一基本制度设计，有所突破的是在"一户一宅"基础上增加了"户有所居"这一新的保障制度。

（二）当下"户有所居"实现方式的规范梳理

对于"户有所居"的法律实现方式，《土地管理法》第 62 条第 2 款只规定县级政府在充分尊重村民意愿的基础上可以采取措施以保障户有所居，因而《土地管理法》并未明确县级政府可采取哪种措施。《总结报告》中只是提及"探索农民住房保障在不同区域户有所居的多种实现形式，健全农民住房保障机制"，并列举了试点实践中形成的"通过建设新型农村社区、农民公寓和新型住宅小区保障农民'一户一房'"等实现形式。

在部门规章中，2018 年的《自然资源部对十三届全国人大一次会议第 7011 号建议的答复》中提到了"在乡镇核心区、城镇规划区等不同区域，通过建设农民公寓、农民住宅小区等多种途径满足农民的居住需求，因地制宜保障农民的居住权益"的实现形式。①《关于在条件成熟地区先行试点探索农村宅基地流转和有偿退出工作的提案复文摘要》中提及，原国土资源部牵头推动宅基地制度改革时，针对不同区域，以"户有所居"为导向，探索农民住房保障多种实现方式。"在城镇建设用地规划范围内，探索集中建设满足农民居住需求；在人均耕地少、二三产业比较发达的地区，在农民自愿基础上实行相对集中统建或

---

① 《自然资源部对十三届全国人大一次会议第 7011 号建议的答复》，载北大法宝，https://www.pkulaw.com/，2023 年 10 月 8 日访问。

多户联建。”[①]实际上,不论是现行的行政法规,还是部门规章,关于“户有所居”实现方式的内容均不具有法律规范性,只是对改革试点中的方案进行归纳总结,因而不足以作为《土地管理法》第62条第2款的法律补充。

而在现行法律体系中,能对《土地管理法》第62条第2款进行法律补充的是地方规范性文件。在以“户有所居”为关键词进行标题检索时,发现了5部地方规范性文件。其中,1部为北京市人民政府出台的《关于落实户有所居加强农村宅基地及房屋建设管理的指导意见》(本章简称《指导意见》),其他4部分别是北京市朝阳区、丰台区、顺义区、密云区根据《指导意见》而发布的《关于落实户有所居加强农村宅基地及房屋建设管理的实施办法(试行)》(本章简称《实施办法》)。《指导意见》中指出要“坚持规划引领管控,落实村民户有所居”,具体包括依法编制村庄规划、严格执行村庄规划和分区分类落实村民户有所居等内容。其中,在分区分类落实村民户有所居中明确了四种实施途径。

一是“对已经在城镇稳定就业并纳入城镇职工社会保障体系的村民,可通过纳入本区居民住房保障体系实现户有所居。没有宅基地但已享受保障性住房的村民,村集体不得再为其提供宅基地;已有宅基地再申请保障性住房的村民,应按有关要求处置地上房屋并退出原有宅基地,不退出的不得为其提供保障性住房”。

二是“对具备条件且村民有积极性的乡镇、村,相关区可统一规划,鼓励乡镇、村通过集中建设村民公寓、村民住宅小区等方式,引导村民集中居住,实现户有所居。各相关区要结合本区实际制定具体申请政策,申请集中居住的应当是无宅基地的村民或自愿退出原有宅基地

① 《国土资源部关于在条件成熟地区先行试点探索农村宅基地流转和有偿退出工作的提案复文摘要》,载北大法宝,https://www.pkulaw.com/,2023年10月8日访问。

的村民”。

三是“对已依法、合理取得宅基地的村民，引导其在符合村庄规划的前提下，经乡镇政府审批，通过在原有宅基地上适当增加建筑面积缓解住房紧张，实现户有所居”。

四是“对无法通过上述三种途径落实村民户有所居的，可通过合理安排建设用地指标、村庄整治、废旧宅基地腾退等多种方式提供宅基地空间，缓解村民住房紧张问题，并严格按照申请条件进行审批”。

概括起来，《指导意见》中实现“户有所居”的方式包括享受保障性住房、集中建设住房、原宅基地上增扩建、腾退土地四种。

其中，北京市丰台区出台《实施办法》第 7 条明确指出丰台区全部村庄为城镇集建型村庄，应通过村民整体搬迁上楼、集中安置的方法保障户有所居；第 8 条规定已有北京市保障性住房资格而无宅基地的家庭可纳入丰台区居民住房保障体系中；第 9 条规定对具备条件且村民有积极性的村镇，鼓励其建设村民公寓、住宅小区等方式，引导村民集中居住。[①] 由此可知，北京市丰台区根据其自身特点主要采取集中建设村民住房的方式保障村民户有所居，同时亦有北京市保障性住房“兜底”。朝阳区落实“户有所居”的途径与丰台区基本一致，也主要通过拆迁安置上楼、保障性住房“兜底”的方式，但稍有不同的是村民可对房屋进行翻建以实现户有所居。[②] 密云区也主要通过集中建设住房、宅基地增扩建、保障性住房“兜底”以及腾退土地四种方式保障户有所居。[③] 顺义区保障村民户有所居的方式与北京市人民政府出台的《指导意见》基本一致。综上所述，北京市四个区保障村民户有所居的

① 参见《丰台区关于落实户有所居加强农村宅基地及房屋建设管理的实施办法(试行)》。
② 参见《朝阳区落实户有所居加强农村宅基地及房屋建设管理的实施细则(试行)》。
③ 参见《密云区关于落实户有所居加强农村宅基地及房屋建设管理办法(试行)》。

方式主要是集中建房和保障性住房“兜底”，也因各区具体情况不同存在允许村民宅基地增扩建的情形。

（三）现行规范评析

综上可知，《土地管理法》对“户有所居”的法律定位是作为原先“一户一宅”制度的补充，而非替代。以此视角去审视现行的相关法律规范，会发现在《土地管理法》位阶之下的各种法律规范并未对其第 62 条第 2 款进行体系性补充，在行政法规、部门规章、地方性法规等法律规范层面几乎处于空白，且相关的地方政府规章数量明显偏少。此外，从现有的地方政府规章内容来看，“户有所居”的实现方式首先是集中建设住房、集中安置，其次是在原宅基地上增扩建。值得注意的是，在保障村民“户有所居”过程中，北京市将已享受保障性住房的村民从整体村民中进行了剥离，不再对其分配宅基地利益，将这部分人统一纳入城镇职工社会保障体系中，从而实现其从农民到市民的顺利转变。总之，在法规范“户有所居”视角下，现行法律规范并未对《土地管理法》第 62 条第 2 款“户有所居”的实现方式进行体系解释，尚有较大的法律完善空间。不过，已有的地方性政府规章中规定的几种“户有所居”实现形式具有可借鉴意义。

三、实现“户有所居”的类型及评析

在法规范视角下，“户有所居”是继“一户一宅”之后又一种保障农民居住权益的实现方式。根据“户有所居”的字面意思，即每户应有其所居住的地方，每户居住的条件不限于拥有一处宅基地，还可包括其他居住方式。由此，“户有所居”的含义就有了广义和狭义之分，广义侧重实现保障农民居住权益之目的，狭义侧重保障农民居住权益之方式。由于《土地管理法》第 62 条第 2 款的增加只是我国宅基地制度改革中的一环，且我国宅基地制度改革尚在进行中，欲对实践中的“户有所居”实现路径予以分析，应当采用广义的“户有所居”加以审视，以尽可能涵盖现实。

（一）实践中广义“户有所居”实现的三种基本模式

“户有所居”作为我国宅基地制度改革中的一项重要举措，必然与我国宅基地制度改革同频发生。自 2015 年 2 月，我国先后在全国 33 个县（市、区）启动了首轮农村宅基地制度改革试点，包括北京市大兴区、河北省定州市、上海市松江区等地区。2020 年 9 月，我国 104 个县（市、区）和 3 个地级市启动了新一轮农村宅基地制度改革试点。本书以第二轮宅基地改革试点中的 104 个县（市、区）和 3 个地级市为样本进行全样本分析，①以总结归纳出实现农民“户有所居”的基本模式。

通过对样本进行归纳分析可知，在宅基地制度改革试点中，主要呈现三种保障农民“户有所居”的基本模式。

一是单一的“一户一宅”模式。该种模式实施的目的在于提高宅基地利用效率，降低土地闲置率。采用该模式的试点地区通常土地较为充足，仍能满足“一户一宅”的基本条件，但在我国耕地日益趋紧的

① 农业农村部在《关于政协第十三届全国委员会第四次会议第 0893 号（农业水利类 081 号）提案答复摘要》中提到，“2020 年 6 月，中央全面深化改革委员会第十四次会议审议通过了《深化农村宅基地制度改革试点方案》。2020 年 9 月，中央农办、农业农村部在北京召开深化农村宅基地制度改革试点电视电话会议，在全国 104 个县（市、区）以及 3 个地级市启动实施新一轮农村宅基地制度改革试点”。参见中华人民共和国农业农村部官网，http://www.moa.gov.cn/govpublic/NCJJTZ/202108/t20210831_6375262.htm，2023 年 11 月 3 日访问。

情况下各个地区均根据自己的具体情况对每户宅基地的面积进行了严格限定。例如,安徽省根据地理位置不同,分别规定宅基地的面积标准:“(一)城郊、农村集镇和圩区,每户不得超过160平方米;(二)淮北平原地区,每户不得超过220平方米;(三)山区和丘陵地区,每户不得超过160平方米;利用荒山、荒地建房的,每户不得超过300平方米。”[①]而有些地方则直接对宅基地面积进行限定,如甘肃省武威市凉州区规定宅基地建筑面积原则上不低于45平方米,不高于150平方米。[②] 除对宅基地面积进行严格限制外,这些地区通常对申请宅基地的农民资格条件进行严格限制,还对所欲建造的房屋高度、面积以及设计图样等进行较为详细的规定,这在一定程度上加大了宅基地申请的难度,从而在宅基地“源头”处开始节流。为了满足新增人口的宅基地需求,这些地区往往建立宅基地有偿退出制度、宅基地流转制度等以尽可能在维持宅基地总量不变的情况下提高宅基地利用率。目前,根据已统计的100个样本(107个试点地区中有7个没有明确的政策性文件)中有67个试点地区采用了该模式,这些地区主要分布在我国东北、中部、西北和西南地区。

二是“一户一宅”和“一户一居”并存模式。该模式不仅保留了以往的“一户一宅”的宅基地制度传统,还吸收了“户有所居”的新理念,试图在新旧宅基地制度之间寻找平衡。这种模式实施的目的不同于单一的“一户一宅”模式,其不仅要提高宅基地的利用率,还要保障农民的居住权益,实现户有所居。该模式在实施过程中,一方面,着力降低

① 参见《关于进一步加强农村宅基地审批管理的实施意见》,载凤阳县人民政府网,https://www.fengyang.gov.cn/public/161055558/1109584593.html,2023年10月23日访问。

② 参见《凉州区农村宅基地建房管理暂行办法》,载武威市凉州区人民政府网 http://www.gsliangzhou.gov.cn/art/2023/6/6/art_2887_1103858.html,2023年10月26日访问。

新宅基地的增量、盘活现有宅基地。故而也对宅基地审批进行严格程序限制,对申请人的资格条件、宅基地面积、房屋的设计等均作详细规定。例如,江苏省徐州市沛县人民政府出台的《沛县农村宅基地管理办法(试行)》中第13条规定宅基地用地标准:每户宅基地面积不得超过200平方米,第18、19条则对宅基地申请人的资格条件进行了列举式规定,第22条对农户申请宅基地所要提交的材料进行列举。[①] 同时,还努力构建宅基地流转制度,如安徽东至县、四川泸县、宁夏贺兰县等试点地区构建了在县域内跨乡镇、跨村有偿获取宅基地制度,即具有宅基地资格权的农民可通过有偿方式到本县其他乡镇或村落申请宅基地。浙江义乌市更是建立了宅基地入市流转制度,规定:"在确保'户有所居'的前提下,按照自愿、有偿的原则,在不改变宅基地所有权性质和不改变集体经济组织成员资格的前提下,允许宅基地使用权通过买卖、赠与、互换或其他合法方式在集体经济组织内部流转或跨集体经济组织流转。"[②]又如山西省泽州县还探索出了闲置宅基地"点状入市"模式、以宅换房模式、以宅养老模式、"流转+康养"模式,[③]从而扩大了宅基地的流转范围,提高了宅基地利用率,逐步实现宅基地的"腾笼换鸟"。另一方面,创新"户有所居"的实现方式。在此过程中,最为典型的实现方式即"集中安置",即将原先分散的农户聚集起来,实现"一户一居"。而在现实中各地的做法和称谓有所不同,如"农户住宅小区"

---

① 参见《沛县农村宅基地管理办法(试行)》,载沛县人民政府网,http://www.px.gov.cn/govxxgk/px_nyncj/2021-10-18/81428a61-1c76-49dd-90c7-969adea8b6ca.html,2023年10月26日访问。

② 参见《中共义乌市委义乌市人民政府关于推进农村宅基地制度改革试点工作的若干意见》,载义乌市人民政府网,http://www.yw.gov.cn/art/2018/1/20/art_1229355313_894259.html? eqid=a65277ac0004565d00000004644773f5,2023年10月26日访问。

③ 参见高喜全:《以农村宅基地制度改革助推乡村振兴的实践探索》,《前进》2021年第9期。

“多户联建”“农民公寓”“集中统建”“单元式住宅”“农民安置小区”等,本质却大同小异。实际上,根据所涉主体不同可将“集中安置”分为两类:一类是村民自治安置,即部分有条件且村民积极性比较高的村落,村民可在村委会的协调下自行筹资建房,常见类型为“多户联建”。这种集中建房方式需要村民具有较强的经济实力、自治能力和组织能力,因而这种方式适用较少。而较为常见的则是另一类集中建房方式,即政府组织安置,在政府规划、扶持以及与村组织协调下为村民集中建房、分房、换房等,实现村民集中居住,提高土地利用率。具体而言,在政府对农村集体建设用地进行规划后,政府和村组织负责筹资、协调、建设施工等工作,待集体住房建成,在尊重村民意愿的基础上鼓励村民采用“退地换房”的方式,有序将村民安置到村落聚居区。值得一提的是,从当前已搜集的文献材料上看,各地政府对集体建房普遍采取的是鼓励、引导态度,有些地方明文规定“严禁违背农民意愿强行撤村并居,强制农民搬迁和上楼”①。根据统计的样本发现,秉持“一户一宅”“一户一居”并存模式的试点地区有 28 个,占总样本量的 28%;这些试点地区主要分布在天津、江苏、安徽、福建、湖南、广东、云南等地方,整体偏向东部地区。

三是单一的“一户一居”模式。该模式较为彻底地抛弃了传统的“一户一宅”制度,主要目的在于保障村民的居住权益。该模式在实施过程中,所采用的保障村民居住权益的方式与“一户一宅”“一户一居”并存模式中的“一户一居”方式有所重合,即多采用“集中安置”的方式。上文已论述,故不再赘言。但与并存模式有所不同的是,该模式中

① 参见《中共金寨县委金寨县人民政府关于印发金寨县农村宅基地制度改革试点实施方案的通知》,载金寨县人民政府网,https://www.ahjinzhai.gov.cn/public/6597131/32806081.html,2023 年 10 月 26 日访问。

出现了通过保障性住房实现“户有所居”这一方式。具体而言，此种方式主要适用于已在城镇稳定就业并纳入城镇职工社会保障体系的村民，因此类村民本质上已经实现了从农民到市民的身份转换，他们的居住权益便不再通过宅基地予以保障。而在已统计的样本中，秉持此种模式的试点地区只有5个，占总样本数的5%；这些试点地区主要在北京、上海。

以上三种模式适用情况如下表所示：

表1 实现“户有所居”模式表

实现“户有所居”的模式	“一户一宅”模式	“一户一宅”“一户一居”并存模式	“一户一居”模式
样本比例（百分比）	67%	28%	5%
实现方式	一户一宅、面积限定	一户一宅或集中安置	集中安置或城镇保障性住房

（二）狭义“户有所居”定位及其实现方式的评析

在广义“户有所居”视角下，现实实践中呈现出单一的“一户一宅”、“一户一宅”和“一户一居”并存、“一户一居”三种保障农民居住权益的基本模式，这三种模式在现实实践中的适用比例分别是67%、28%和5%。由此观之，当下传统的“一户一宅”制度仍占有绝对优势。如果将“一户一居”模式视为狭义的“户有所居”实现基本模式，则该模式在现实中所占比例至多为30%，还远未能达到取代传统“一户一宅”的程度。而这也刚好印证了上文对《土地管理法》中“户有所居”作为“一户一宅”制度补充的法律定位分析，说明当下《土地管理法》中“户有所居”的定位是具有较强现实基础的。至于未来“户有所居”是否会取代“一户一宅”，笔者认为，从时间维度上看，未来在很长一段时间内,“户有所居”无法完全取代“一户一宅”,将极有可能出现“一户一宅”和“户有所居”长期并存的情形。因为我国在逐步走向工业化的过程中,必然会逐步实现城镇化,致使原先分散的农户也逐步实现聚集居住,似乎“户有所居”将成为未来保障农民居住权益的主流方式。然而,技术的发展会在未来取代大量的工人,未来人口缩减的趋势势不可当,且人们对生活追求的提高会导致人们形成逆城市化的居住偏好。因而,“一户一宅”仍有其存在的合理性。同时,从空间维度上讲,我国地形多样,农业无法全面实现大型机械化作业,故而仍需保留部分农民通过精耕细作保障国家粮食安全。而宅基地不仅是农民居住的场所,也是农民从事农业生产的基本生活资料,因而“一户一宅”制度不应也不可能被完全取代。因此,未来“一户一宅”和“户有所居”会并存,哪一个会处于主导地位将随着时间而发生变动,会随着空间位置不同而有所差异。

至于狭义“户有所居”的实现方式,从现有保障农民居住权益的基本模式来看,其主要存在于“一户一宅”“一户一居”并存模式和单一的“一户一居”模式中。狭义的“户有所居”具体表现为“一户一居”。诚如上文分析,“一户一居”的实现方式主要包括“集中安置”和“保障性住房”这两种类型。而“集中安置”可分为村民自治安置和政府组织安置,尽管这两种安置所涉主体有所不同,却均涉及宅基地所有权、资格权和使用权,同时还关系到安置房屋的产权。除了以上所涉权利,不论是在村民自治安置,还是在政府组织安置过程中,均需政府权力对“集中安置”进行不同程度的干预。因此,如何处理政府权力、农村集体权利和村民个体权利之间的关系决定着“集中安置”能否顺利完成,而这也恰恰是对“集中安置”相关法律制度进行设计的法理基础。“保障性住房”是保障农民实现“户有所居”的另一种方式,有其专门的适用对象，即已在城镇稳定就业并纳入城镇职工社会保障体系的村民。这些村民本质上已经实现了从农民到市民的身份转变，因而在他们已有城镇社会保障的情形下，理所当然不应再同时享受农民所应享有的宅基地权益。据此，下文将着重构建“集中安置”实现农民“户有所居”所需的相关法律制度，以对《土地管理法》第62条第2款进行补充性回答。

四、“户有所居”相关法律制度之构建

诚如上文分析，狭义的“户有所居”本质上是要实现“一户一居”，而实现“一户一居”的主要方式是“集中安置”，“集中安置”可分为村民自治安置和政府组织安置。下文将分别对这两种安置方式所需的法律制度进行构建，并指出未来法律所需调适之处。

（一）村民自治安置所需的法律制度

对于村民自治安置，各试点地区政府多是鼓励态度，同时部分试点地区政策文件中也明确指出采用此种方式需要村集体实力强、村民积极性高等条件。[①] 由此可知，政府部门在一定程度上已认识到在村民自治安置过程中需要来自村民自下而上的推动力帮助完成这一组织任务。这是否意味着政府真的能够置身事外？笔者认为，除了上述条件，政府仍需建立以下制度以促进村民顺利实现自治安置。具体而言有以下几个方面。

---

① 参见《关于印发〈大兴区农村宅基地及房屋建设管理实施意见（试行）〉的通知》，载北京市大兴区人民政府网，https://www.bjdx.gov.cn/bjsdxqrmzf/zwfw/zfwj67/zfwj/1739851/index.html，2023年10月27日访问。

第一,农村集体宅基地的规划与监管。我国《深化农村宅基地制度改革试点方案》中明确指出,要"坚决守住土地公有制性质不改变、耕地红线不突破、农民利益不受损这三条底线"[①]。在村民自治安置过程中,要严守"耕地红线",必然需要政府对村集体宅基地进行提前规划,防止村民随意占用耕地。故而,不少改革试点地区明确农户个体在申请宅基地审批时应当按照县级人民政府和乡镇人民政府编制的县级土地利用总体规划或者乡镇土地利用总体规划进行建房,有些地区甚至对宅基地上所建的楼层数及高度都有明确规定,这就在事前做好了预防村民乱建乱占的准备。同样,在"多户联建""原址扩建""原址翻建"等村民自治安置过程中,也需要政府相关部门提前做好集体宅基地的总体规划。尽管《土地管理法》已专章规定了土地利用总体规划,但从未来发展趋势来看,[②]农村集体宅基地的总体规划将纳入国土空间总体规划中。而在建房过程中,政府部门也应对宅基地建房施工安全进行管理,尤其是村民集中建设的较高楼层,应当符合国家建筑安全、消防安全、环境保护、抗震设防等要求。房屋建成后,乡级政府应组织人员对所建房屋进行实地验收,并由公安部门编制和发放门牌号,实行"一户一档"管理。对于实施过程中出现的乱建乱占行为,应由执法机关追究行为人相应法律责任。

第二,宅基地使用权的适度放活。在村民自治安置过程中,村民自治安置的动力来源无外乎两者:一个是通过集中安置使乡村环境得到更好的改善,从而促进乡村经济的发展;另一个是通过集中安置可将节

---

① 参见2020年中央深改委通过的《深化农村宅基地制度改革试点方案》。

② 目前,已有7个省份的国土空间规划(2021—2035年)获得国务院明文批复,贯彻了2017年中共中央办公厅、国务院办公厅印发的《省级空间规划试点方案》,未来应有更多省份出台国土空间规划。参见北大法宝,https://www.pkulaw.com/,2023年10月30日访问。

约出来的集体土地用于其他用途,从而提高村民的收入。但不管出于何种目的,都需要法律为宅基地使用权提供放活的空间,只有这样村民才有动力积极地自治安置。而《深化农村宅基地制度改革试点方案》所提出的“三条底线”中就包括要坚守土地公有制这一底线,因而农村宅基地的放活只能落脚在使用权上。而对于宅基地使用权如何放活,目前学界有两种基本认识。

其一,将宅基地使用权视为债权,如宅基地租赁权或宅基地法定租赁权;①村民可以凭借其成员资格享有或集体成员外的他人以民事契约等形式享有此种权利,②但法律应对该权利的权能进行严格限制,宅基地的对外使用只限于租赁,而不能用于其他。对于如何限制,学界有两种观点:一种是采用登记主义所形成的法定租赁权说,即权利人在出租其宅基地时应予以登记,以更好保护租赁权人的宅基地利益;③另一种与前一种观点相反,主张宅基地租赁权只是普通的租赁权,无须采取登记主义。④

其二,将宅基地使用权理解为用益物权,如宅基地经营权、地上权等。⑤ 该观点认为,宅基地的放活程度还可再大一些,应允许宅基地使用权人将自己的宅基地用于流转、抵押等,还指出了宅基地法定租赁权

---

① 参见刘凯湘:《法定租赁权对农村宅基地制度改革的意义与构想》,《法学论坛》2010年第1期;肖鹏、王朝霞:《宅基地“三权分置”的制度演进、政策背景与权利构造》,《云南大学学报(社会科学版)》2020年第3期。

② 参见孙建伟:《宅基地“三权分置”中资格权、使用权定性辨析——兼与席志国副教授商榷》,《政治与法律》2019年第1期。

③ 参见陈小君:《我国涉农民事权利入民法典物权编之思考》,《广东社会科学》2018年第1期。

④ 参见董祚继:《“三权分置”——农村宅基地制度的重大创新》,《中国土地》2018年第3期。

⑤ 参见刘国栋:《论宅基地“三权分置”的法实现》,《中国不动产法研究》2018年第2期;席志国:《民法典编纂视域中宅基地“三权分置”探究》,《行政管理改革》2018年第4期。

的局限性,[①]认为宅基地使用权是一种相对独立具有他物权特质的用益物权,是用益物权中的地上权。[②]

实际上,这两种认识会产生不同程度的放活效果,若将宅基地使用权理解为用益物权,则能够使村民通过抵押贷款等方式获得更多的社会资本,从而提高农民的财产收入,但缺点在于其极易产生损害农民居住权益的社会风险。因而,浙江义乌市在建立宅基地抵押担保制度时就明确了其适用的前提,即“在确保‘户有所居’的前提下”[③]。相对而言,将宅基地使用权作为债权,能保证宅基地使用权始终掌握在农民集体手中,但缺点在于不能引入大量社会资本。在笔者看来,由于我国各地区发展情况不同,未来各县级政府可根据自身发展情况制定具体实施方案。不论未来县级政府采用何种方案,其均应守住“户有所居”这条底线,而对于宅基地使用权本身不必纠结,应将农户的居住权益通过法律进行强制保障,最终在保障农民居住权益和提高农民收入之间寻找平衡。

其三,集建房屋及相关土地的产权明晰。村民自治安置的动力在于能够通过集中居住节约出部分宅基地,从而发挥节约宅基地的市场价值,提高农民的财产收入。由此,在集中安置后就会产生集建房屋所有权和使用权、集建房屋下的宅基地所有权和使用权、节约出的宅基地所有权和使用权等一系列产权归属问题。首先,对于集建房屋所有权和使用权,应分两种情况:一种是农村内部集资建房,此时集建房屋所

---

① 参见宋志红:《乡村振兴背景下的宅基地权利制度重构》,《法学研究》2019 年第 3 期;高海:《宅基地使用权继承:案例解析与立法构造》,《东方法学》2018 年第 5 期。

② 参见徐忠国、卓跃飞、吴次芳、李冠:《农村宅基地三权分置的经济解释与法理演绎》,《中国土地科学》2018 年第 8 期。

③ 参见《中共义乌市委义乌市人民政府关于推进农村宅基地制度改革试点工作的若干意见》,载义乌市人民政府网,http://www.yw.gov.cn/art/2018/1/20/art_1229355313_894259.html?eqid=a65277ac0004565d00000004644773f5,2023 年 10 月 28 日访问。

有权按照出资比例等方式分房即可，使用权也随所有权一同分配；另一种则是村民与社会主体合资建房，笔者认为应坚持“房地一体”主义将集建房屋的所有权归村民所有，但社会主体可在合资建房合同中规定集建房屋使用权的相关事宜。其次，集建房屋下的宅基地所有权和使用权。由于集建房屋所占用的土地仍为村集体土地，因而其所有权理应属于村集体。而对于使用权，集建房屋所占用的土地指标本为合资建房的村民所有，因而土地的使用权应为联建村民所共有。最后，节约出的宅基地所有权和使用权。在坚守土地所有制原则下，节约出的宅基地所有权应归集体所有。而节约出的宅基地使用权既可以是法定的租赁权，亦可以是用益物权，但权属应归联建的村民享有，多出宅基地法定面积的部分土地则应由村集体收回。值得注意的是，集建房屋所有权在归属联建村民后，房屋能否进行买卖，以及买卖范围是否需要限定。笔者认为，集建房屋应与其下的宅基地一样遵循内部流转规则，不得对外出卖。且出卖房屋所有权时应与宅基地使用权一同消灭，不得再次申请宅基地或农村保障性住房。

（二）政府组织安置所需的法律制度

在政府组织安置过程中，其所需法律制度会与村民自治安置所需法律制度相重合，如上文所述的村民自治安置所需的三类制度也均是政府组织安置过程中所必需的，故而不再赘述。但也有部分法律制度应是政府组织安置过程中所特需的，具体包括：

一是“集中安置”融资监管制度。从集中建房所需资金的来源上讲，政府组织安置与村民自治安置有本质不同。政府组织安置过程中政府并不能为集中建房提供必要的资金，其只能为集中建房提供组织、协调服务；村民自治安置主要是由联建村民自己出资，并由部分村民负责组织、协调工作。因而,在政府组织安置过程中,政府往往需要为村庄的集中建设引入外资,促使村庄能够成规模地集中建设。由此可见,在这一过程中,政府不仅需要负责引资,同时还需要对引入资本进行必要的监管,防止资本侵害农民的利益。具体归纳为三个方面:首先,政府应当对投资方进行事前评估,确定其能否承担起所欲参与的工程,避免投资方中途“跑路”将集中建房搞成“半拉子”工程,从而激化社会矛盾;其次,在建房过程中,政府金融部门应当对投资方所投资金进行监管,督促投资方及时汇入资金,降低投资方撤资的风险,有必要设立保证金制度;最后,应当对投资方与农户之间所签订的合同进行必要的法律审查,提前预防违法建设、侵害农户基本权益等行为的发生。

二是宅基地置换制度。与村民自治安置不同,在政府组织安置过程中有一个不可缺少的宅基地置换环节,即农户需以其宅基地置换集中建设的房屋。而在这个过程中,不仅需要政府和村组织一一统计每户现有的宅基地面积、人口、耕地数量等基础数据,还需统计每户所欲居住房屋的具体需求,并制定公平合理的分房方案。此外,还需注意的是,宅基地和集建房屋的作价问题。现实中可能会出现两种情况。一种是宅基地价格高于集建房屋价格,在此种情况下农户在宅基地置换后会形成部分剩余宅基地权益,这就需要政府和村集体将农户的剩余宅基地权益登记在案,可作为农户未来提高收入的资产。需要注意的是,置换后形成的宅基地在实践中有两种处理方案。一是将宅基地转变为耕地。此时村民的剩余宅基地权益可分为转变后的耕地权益,以及根据“占补平衡”原则形成的开发用地指标所包含的利益,这部分利益也理应为村民享有,而非政府获得。二是宅基地成为集体建设性用地,村民则可在法定范围内自由支配该部分权益。另一种是宅基地价格低于集建房屋价格,此时则需政府划定低于市场价格的权益保护价,以尽量在不增加农民负担的情况下实现宅基地置换。总之，未来各地县级政府应根据当地实际情况建立宅基地置换制度，以顺利保障村民的集中安置。

三是集体收益民主管理制度。在村民自治安置过程中，往往会节约出一部分宅基地，这些宅基地在法律放活的情况下则能成为联建村民提高收入的资产，而这些资产的分配在联建村民内部分配即可。但在政府组织安置过程中，也同样会节约出一部分宅基地，一般所涉宅基地面积较大、人数较多，此时则需要通过村集体组织进行民主管理。村集体可以各户所剩宅基地作价入股的方式作为村集体的共同资产，这些共同资产该如何使用和管理应由村集体共同决定。由此，未来乡镇政府可以指导的方式帮助村集体逐步建立较为完善的议事决策机制、民主监督机制、财产管理机制、服务群众机制、矛盾纠纷调处机制等，促进农村土地基层管理的民主决策、民主管理、民主监督，提升村级集体经济组织依法管理的能力。

（三）未来法律的调适之道

从目前“一户一宅”和“户有所居”的实践格局来看，以“一户一居”为主要实现方式的“户有所居”模式尚未成为宅基地制度改革中的主流形态，但正如上文分析，未来极有可能形成“一户一宅”和“户有所居”并存的局面，因而“户有所居”模式还会不断发展壮大。对此，笔者认为，未来法律的调试之道应分为当下和长远之道。

首先，就当下而言，有必要基于上文所提出的各项制度对现行法律进行修改和补充。

一是对于农村集体宅基地的规划。现行《土地管理法》第三章对我国土地利用总体规划进行了明确规定，同时《土地管理法》第 19 条要求县级政府在制定土地利用总体规划时应明确每块土地的用途。[①]然而，对于农村集体宅基地的监管，当下并未形成较为成熟的法律制度，但在不少试点地区的政策文件中有规定。未来可由地方人大及其常委会根据各地区的实际情况先行制定农村集体宅基地监管制度，并以地方规范性法规的形式固定下来。

二是对于宅基地使用权。虽然现行《民法典》第362条明确规定了宅基地使用权，但只规定了占有和使用两项权能[②]，这就限制了农村宅基地的市场价值。经“集中安置”后，我国农村宅基地会形成两种宅基地形式：一种是保障性宅基地，另一种是资产性宅基地。前者是集建房屋所占用的宅基地，后者则是节约出来的宅基地。对这两种宅基地应构建不同的法律制度，而当下《民法典》第362条本质上是以保障性宅基地为基础构建的宅基地使用权权能，必然无法为资产性宅基地提供必要的法律制度支撑。因而，未来应对《民法典》第362条中的宅基地使用权进行扩张性解释，增加收益权能，允许这部分土地进行租赁、抵押、流转。

三是对于集建房屋的产权。农村集建房屋的所有权本质上与一般的建筑物区分所有权别无二致，理应遵循《民法典》第六章的规定。但有所不同的是，农村集建房屋是基于保障性宅基地的，因而只能在村集体内部流转，且流转后不得再次申请。未来亦可先通过制定地方性法规对其权限进行限制。

四是“集中安置”的融资监管。我国目前并未形成体系化的金融

① 《土地管理法》第19条规定：“县级土地利用总体规划应当划分土地利用区，明确土地用途。乡(镇)土地利用总体规划应当划分土地利用区，根据土地使用条件，确定每一块土地的用途，并予以公告。”

② 参见《民法典》第362条：“宅基地使用权人依法对集体所有的土地享有占有和使用的权利，有权依法利用该土地建造住宅及其附属设施。”

监管法，[1]因而“集中安置”过程中的融资监管无法从现行法律中找到解释的基础，只能先由地方人大及其常委会通过地方性法律法规予以规定，希冀未来能够上升到法律层面。

五是宅基地置换制度。目前部分试点地区的政策性文件中明确了此种制度，未来可通过对实践的总结逐步完善该制度，并通过地方性法规的形式确定下来。

六是集体收益民主管理制度。对于该制度，现行《中华人民共和国村民委员会组织法》（以下简称《村民委员会组织法》）实际上已有明确规定，如第24条第2款规定从村集体经济所得收益的使用需经村民会议讨论决定，同时第9款进行了“兜底性”补充。此外，《村民委员会组织法》第五章具体规定了村集体的民主监督和民主管理程序。因此，未来可将该制度“嫁接”到《村民委员会组织法》中。

其次，长远之道在于制定专门的《农村宅基地管理法》。现行法律中有《城市房地产管理法》，专门对城市房地产进行调整，却没有对农村房地产进行专门调整的法律。随着我国乡村振兴战略的实施以及保障国家粮食安全的现实需要，我国农村土地必然要进行节约化利用，对原先的“一户一宅”农村房地产格局造成深刻影响，“户有所居”模式也会随着时间发展逐渐与“一户一宅”模式“平起平坐”。因而，在这一演变过程中，需要一部专门的法律对农村房地产进行专门化调整。该法至少要涉及以下七个方面：一是农村集体建设用地的法律界定，即规定哪些属于保障性集体建设用地，哪些是开发性集体建设用地。前者是“集中安置”时所需的集体建设用地，后者是“集中安置”后节约出来的可用于开发的建设用地。二是农村房地产规划，这需要政府提前对农

---

① 参见靳文辉：《论金融监管法的体系化建构》，《法学》2023年第4期。

村土地进行规划，坚守耕地红线，而后制定农村房屋建设的标准。三是对集体建设用地的形成方式进行规范，这就需要对宅基地使用权退出、宅基地置换、集体建设用地划拨等方式进行具体的程序性规定。四是房地产开发，这需要针对村民自治安置和政府组织安置时开发主体的资质、设计、施工等方面进行不同程度的规范。五是农村房地产的交易，这首先应对农村房地产进行初步区分，即分为保障性房地产和开发性房地产，然后对这两种房地产需要分别从保障农民居住权益和提高农民财产收入两方面制定不同的交易制度。六是房地产权属登记管理，为便于政府对农村房地产进行监管，有必要借助数字化平台建立登记管理制度。七是法律责任。

总之，“户有所居”从政策概念转变为法律概念后，意味着对“户有所居”的法律研究有必要从法社会学走向法教义学。在法教义学视野下，“户有所居”的法律定位不是完全取代传统的“一户一宅”，而是与“一户一宅”形成主次关系。但现有法律体系的缺憾是在《土地管理法》第62条第2款下并未建立实现“户有所居”所需的法律制度体系。通过对实践中所形成的“户有所居”实现模式进行类型化分析后会发现，传统的“一户一宅”仍是保障农民居住权益的主要方式，“户有所居”尚处于补充地位，而这也刚好印证了《土地管理法》第62条对“户有所居”法律定位的科学性。现实中，“户有所居”的表现形式主要是“一户一居”，而实现“一户一居”的主要方式则是“集中安置”。“集中安置”可分为村民自治安置和政府组织安置。据此，当下有必要分别基于不同安置类型逐步建构不同的法律制度，如农村集体宅基地规划与监管、“集中安置”融资监管、宅基地置换和集体收益民主管理等制度，而长远之道在于将农村房地产相关制度进行统合，制定《农村宅基地管理法》。

第六章
农用地征地补偿标准制定主体的正当性

新型总有之“新”，源于我国特殊的国情，宅基地的相关权利受土地规划等公共权力的较大影响，呈现出独特性质。换言之，总有应该放在我国宅基地法律制度环境下进行理解。我国农村集体土地所有权受国家公权力严格规制，缺少独立自主的处分权。本章以农用地征地补偿标准制定主体的正当性为例，探讨宅基地权利限制的边界问题。

一、征地补偿标准问题

2019 年，新修订的《土地管理法》出台，引发了关于农村征地补偿标准等问题的热切讨论，其中土地补偿标准由原农地年产值标准向区片综合地价补偿标准延异等问题，更是为学界所关注。积极论者认为，区片综合地价补偿标准确立意义重大，有利于维护农民的合法权益。消极论者认为，区片综合地价由地方人民政府主导，而非市场化，没有实质意义上的改革，存在诸多问题。以上观点，对于当前完善和改进《土地管理法》第 48 条显然有较大借鉴意义。

关于“区片综合定价”缺陷的讨论，事实上都围绕一个问题，即如何通过正当程序的设计保证定价的合理性。但是，从正当程序的设计方面对“区片综合定价”进行讨论，为保证被征农地定价的合理性，始终有一个问题无法回避,即在立法层面,谁为统一区片综合地价标准制定主体?就新修订的《土地管理法》而言,《土地管理法》第48条规定为"由省、自治区、直辖市"。对此条款该如何解读?该条款规定与实践存在什么样的张力?该条款在学理上存在什么问题?这些问题需要理论给予回答和释疑。而现有的研究大都从农地征地标准制定的程序、过程、标准提出建议,少有从该标准制定主体的正当性层面进行研究。即使有人关注到这个问题,也仅仅是一笔带过。例如,屈茂辉教授指出:"人大应当成为补偿标准的制定主体。"其理据在于人民主权的原理和我国宪法的精神。然而,该文仅简要表明观点,尚未结合土地管理法进行具体和系统阐释。职是之故,如何结合《土地管理法》第48条相关规定给出具备可操作性的回答,尚属该领域研究空白,有待本书予以厘清。

现实是,地方人民政府行政定价导致补偿标准远低于市场标准。显然,征地补偿标准较低与《土地管理法》不无关联。[①] "我国2004年通过的《中华人民共和国宪法修正案》确立了征收补偿条款,但征地补偿标准是由《土地管理法》和《物权法》所规定,其中征地补偿标准偏低一直为各界所诟病。"[②]其根本原因是,《土地管理法》仍然采用人民政府主导的定价模式,这本身就与市场价值相违背,必然导致补偿标准过低。[③] 因此,高飞教授认为,即使2019年的《土地管理法》将"区片综合地价"作为新的征地补偿基准,也不可能彻底改变补偿基准不合理的现状。[④]

---

① 参见高飞:《征地补偿中财产权实现之制度缺失及矫正》,《江西社会科学》2020年第2期。

② 参见高飞:《征地补偿中财产权实现之制度缺失及矫正》,《江西社会科学》2020年第2期。

③ 参见钟水映、黄建国:《征地统一年产值标准和区片综合地价引发的新困境》,《国土资源》2007年第6期。

④ 参见高飞:《征地补偿中财产权实现之制度缺失及矫正》,《江西社会科学》2020年第2期。

在各省级人民政府已公开的文件中，多规定各地执行的综合地价执行标准不得低于省级人民政府确定的最低标准，但由于土地补偿款数额巨大，且通过区片综合地价标准的调整，已经大幅度调整相关补偿标准，可以预见的是，地方人民政府几乎没有动力在此基础之上制定更高的标准。这一问题早在2019年《土地管理法》修订之前就已经存在。《土地管理法（2004年修正）》第47条规定，征收耕地的土地补偿费，为该耕地被征收前三年平均年产值的6至10倍。根据学者的调研，"很多地方反映人民政府都按照该幅度的下限进行补偿，加上分配机制的不健全，被征地农民能够获得的征地补偿款就更少。这导致许多时候征地补偿都不能充分补偿农民的损失，有限的征地补偿费用根本不足以保障失地农民的基本生活，这些农民基本上都要另谋生路"①。此外，补偿标准较低，与制度层面缺少有效的监督不无关联。目前，主要依靠的是自上而下的行政制约，在相关问题上，一旦上级行政机关的制约缺失，很容易发生滥用权力问题②。为统合性地对实践和学理中的问题作出回应，本章从土地补偿标准制定主体的规范梳理入手，对省级人民政府制定补偿标准的正当性提出疑问，并力求在短期路径和长期路径层面分别对未来标准制定主体的正当性给予充分的学理阐释。

二、关于土地补偿标准制定主体的规范梳理

按照原《土地管理法》设定的年产值标准规定的内容，立法要求授权省、自治区、直辖市来制定土地补偿标准。实践中，究竟是由省级人

① 陈小君等：《农村土地法律制度的现实考察与研究——中国十省调研报告书》，法律出版社2010年版，第245—246页。

② 刘婧娟：《中国农村土地征收法律问题》，法律出版社2013年版，第177页。

大及其常委会,还是由省级人民政府制定土地补偿标准有着重大区别。细查《土地管理法》可以发现,关于授权省、自治区、直辖市制定补偿标准的条款,存在诸多不完善之处。例如,针对农用地征收地补偿,包括宅基地在内的农用地以外的农村土地补偿标准均由省、自治区、直辖市制定,而宅基地的面积标准同样由省、自治区、直辖市制定。但从各省实践来看,全国除了上海市、福建省、重庆市和西藏自治区等地,大部分宅基地的面积标准均由省级人大常委会制定。

反观《土地管理法》第48条的规定,现实中"区片综合地价"的制定大都由省级人民政府(主管部门)完成,少部分为省级人民政府的主管部门。即便如此,市县人民政府在"区片综合地价"的制定过程中仍拥有较大的参与度,省级人民政府原则上不会过多干涉市县政府的决定。例如,四川省的文件中明确说明地价标准先由各市(州)拟定。江苏省的做法大体类似,地方人民政府在执行过程中拥有较大的权力,因为江苏仅将全省区县粗略划分为四类,规定地方人民政府的标准制定不低于对应类别的标准即可。

表2　各地区"区片综合地价"规范表

省份	规范文件	规范制定主体	实施方法
江苏	省政府关于公布江苏省征地区片综合地价最低标准的通知(苏政发〔2020〕44号)	省人民政府	各地制定的征地区片综合地价执行标准不得低于省人民政府规定的征地区片综合地价最低标准。调整后的地区分类详见全省征地区片综合地价地区分类表。
安徽	安徽省人民政府关于公布全省征地区片综合地价标准的通知	省人民政府	各市、县征地区片综合地价标准,由省人民政府统一制定,依法至少每3年调整或重新公布一次。

（续表）

省份	规范文件	规范制定主体	实施方法
福建	福建省人民政府关于全面实行征地区片综合地价的通知(闽政〔2017〕2号)	省人民政府	根据经济社会发展水平、财政收入、土地价值等情况，全省以县级行政区为单位，划分为四个地区类别。
湖北	省人民政府关于公布实施湖北省征地区片综合地价标准的通知(鄂政发〔2019〕22号)	省人民政府	为进一步加强和改进征地服务与管理，切实维护被征地农民的合法权益，深入推进乡村振兴战略实施，促进全省经济高质量发展，根据国家有关规定和全省经济发展状况，省人民政府决定对征地补偿标准进行调整。
河南	河南省人民政府关于调整河南省征地区片综合地价标准的通知(豫政〔2016〕48号)	省人民政府	按照《国务院关于深化改革严格土地管理的决定》(国发〔2004〕28号)要求和《河南省实施〈土地管理法〉办法》规定，省人民政府决定对我省征地区片综合地价标准进行调整。
河北	河北省人民政府关于完善征地区片综合地价标准的通知(冀政发〔2020〕5号)	省人民政府	根据《中华人民共和国土地管理法》有关规定，对现行征地区片综合地价予以重新公布，各地按此标准实施征地补偿。
四川	关于同意各市(州)征收农用地区片综合地价标准的批复(川府函〔2020〕185号)	省人民政府	原则同意各市(州)制定并经自然资源厅审核的征收农用地区片综合地价标准。该标准于2020年1月1日起实施。
山东	《山东省征地区片综合地价》(鲁自然资发〔2020〕4号)	省自然资源厅	详细规定了各市各县的综合地价。
上海	关于印发《上海市征收集体土地补偿标准(2020)》的通知(沪规划资源规〔2020〕20号)	直辖市规资局	征地土地补偿费标准根据《上海市征地土地补偿费标准(2020)》执行。

“区片综合地价”存在规范不同时、主体不一致、方法不统一等情况，由此引发了对各省级人民政府制定补偿标准的正当性质疑。只有廓清了补偿标准制定的规范性、主体性和方法性问题，才能对相关制度的“理想性应然”提出建议。

三、省级政府制定补偿标准的正当性质疑及破解思路

省级人民政府制定补偿标准的合法性和合理性值得推敲。其一，《土地管理法》第48条规定的制定“区片综合地价”的主体是否应当为省级人民政府？省级人民政府制定补偿标准的做法是对《国务院关于深化改革严格土地管理的决定》（国发〔2004〕28号）规定的延续，“省、自治区、直辖市人民政府要依照基准地价制定并公布协议出让土地最低价标准”。有学者认为，2019年的《土地管理法》是将上述政策以法律的形式固定下来，言外之意，人民政府有权制定“区片综合定价”[①]。但是，该决定发布于2004年10月21日，而《土地管理法（修正案）》发布于2019年8月26日。鉴于此，该延续性做法的合法性有待进一步分析。其二，省级人民政府能否在划定最低标准的基础上，再授权地方制定具体的农地征收补偿标准？

对既有实践的质疑，体现在二个方面。第一，农地补偿标准确立的立法层次较低，甚至有的地方缺少针对征收补偿的立法。[②] 第二，补偿

① 参见高飞：《征地补偿中财产权实现之制度缺失及矫正》，《江西社会科学》2020年第2期。

② 屈茂辉、周志芳：《中国土地征收补偿标准研究——基于地方立法文本的分析》，《法学研究》2009年第3期。

标准制定主体不符合法理,实践中,地方人民政府的相关职责与职能没有明确区分,既是裁判员又是运动员,不利于正确行使职能。[①] 合理的补偿标准能够规范地方人民政府的随意征收行为,也可以促使土地得到合理布局和规划。[②] 对此,有学者明确提出,补偿标准的制定应当由人大通过立法的方式完成,原因在于"毕竟补偿制度不仅涉及对财产权的(次级)保障,而且影响着国家的财政预算"[③]。

此外,实践和学界就农地征地补偿标准制定主体也存在较大分歧,实践做法是省级人民政府(主管部门)通过行政规章的形式作出,学界对此提出异议。可见,如何认定《土地管理法》第48条所规定的"区片综合地价"的制定主体,是需要首先被澄清的问题。

省级政府作为"区片综合地价"的制定主体,有以下弊端。

(一)权力分工原则问题

决策权、执行权和监督权"三权分立"是中国特色的权力分工方式。[④] 目前实践的做法实质上使决策权和执行权归于同一主体,实际上存在合理性问题。《土地管理法》将标准制定权下放给省、自治区、直辖市,不是为了赋予人民政府以制定权。从体系解释的角度来看,《土地管理法》并非对涉及"省、自治区、直辖市"的条文都作概括性规定。例如:第16条规定土地利用总体规划由省、自治区、直辖市人民政府编制,第30条规定开垦耕地计划由省、自治区、直辖市人民政府制

① 屈茂辉、周志芳:《中国土地征收补偿标准研究——基于地方立法文本的分析》,《法学研究》2009年第3期。

② 参见肖楚钢:《集体土地征收补偿标准及其民法典进路》,载耿卓主编:《土地法制科学》第1卷,法律出版社2017年版,第163页。

③ 陈征:《征收补偿制度与财产权社会义务调和制度》,《浙江社会科学》2019年第11期。

④ 参见陈明辉:《论我国国家机构的权力分工:概念、方式及结构》,《法商研究》2020年第2期。

定，而第38条并未直接明确规定标准制定权归属于人民政府，前后矛盾的表述出现在同一部法律中，至少不能直接推导出省级人民政府当然地享有决策权，立法旨在为省、自治区、直辖市根据自身情况作出决策提供空间。

补偿标准的制定在某种程度上实际是征地方和被征收方利益的博弈，如果省级人民政府同时享有决策权和执行权，将可能在一定程度上影响被征收方合理利益的顺利实现。一方面，由于目前土地开发权在制度层面还未得到肯认，征地的补偿标准难以通过市场机制实现。诚然，在集体经营性建设用地入市改革的背景下，长远来看，土地开发权制度具有重大意义，但在目前的法律框架下仍难以适用。另一方面，征地方和被征收方的地位悬殊，导致征地的补偿标准极易被人为地降低。在很多案件中，享有执行权的县级政府通过改变宗地面积的方式以更低的价格购买土地，能否实现利益平衡的关键在于征收补偿环节中是否有协调相关主体利益冲突的第三方。在我国现有土地征收的法律关系中，一方是制定土地征收补偿标准的征地一方，即代表国家征收土地的人民政府；另一方是被征收的一方。从公共利益的界定出发，法律规定，只有符合公共利益情形才能征地。但是，在公共利益的判定情形中，《土地管理法》第45条又规定“在土地利用总体规划确定的城镇建设用地范围内，经省级以上人民政府批准由县级以上地方人民政府组织实施的成片开发建设需要用地的”也认定为公共利益。故而，政府既有规划权，又有征地权，还有权制定农地征用补偿标准；相对于土地权利人，二者间的“势差”是形成当前征收格局的主要原因。

目前，征地方和被征收方利益的博弈未体现在标准制定的过程中，却大多发生在拆迁的过程中，导致的后果是，拆迁中偶尔会出现被征收方的抵抗行为。征地方和被征收方始终处于一种对立状态，这就需要中立的第三方在征收标准制定开始即介入，居中调和、平衡双方利益关系。遗憾的是，《土地管理法》相关规定在实践操作层面难以有效地协调和平衡二者的利益关系。对此，人大作为权力机关和监督机关应拥有综合地价标准制定权和定价权。

（二）法律保留原则问题

地方人民政府自行征地，自行订立农地征用补偿标准，这种“自征自订”范式不符合正当程序原则。征地补偿涉及农村社会主要的财产权收益。按照法律保留原则，涉及公民基本财产权的要制定法律。根据《立法法》第 8 条的规定，涉及农村集体土地的基本经济制度事项只能制定法律，但是该法第 9 条又规定：“本法第八条规定的事项尚未制定法律的，全国人民代表大会及其常务委员会有权作出决定，授权国务院可以根据实际需要，对其中的部分事项先制定行政法规，但是有关犯罪和刑罚、对公民政治权利的剥夺和限制人身自由的强制措施和处罚、司法制度等事项除外。”虽然《土地管理法》授权国务院来制定征地补偿标准无可厚非，但是其将土地补偿标准授权给行使征地权的省级人民政府，省级人民政府又授权给市县人民政府制定相应的补偿标准文件，显然与立法上的法律保留原则有出入。

（三）征收制度原理问题

从社会学解释角度、基于地方人民政府行政定价的实际效果来看，这并不是最优方案，因此制定农地征用补偿标准的主体应结合实际重新定位。根据国务院发展研究中心农村经济研究部的调查，农民的补偿款仅占土地增值收益的5%—10%，即便如此，微薄的补偿款也未必真的能到达农民手中。[①] 本质上，这种局面的产生是由于土地开发权未在立法和理论界得到承认。[②] 所谓土地开发权是指对土地在利用上进行再发展的权利，即在空间上向纵深方向发展、在使用时变更土地用途的权利。[③] "土地开发权制度在补偿具体土地财产人方面具有重大制度价值和功能。"[④]目前，权宜之计就是通过将补偿标准制定权转移到省级人大，切实提高农民所能得到的利益分配。

从目的解释角度来看，制定农地征用补偿标准的主体应该是全国人大，短期也可以是省级人大。征收制度有两大核心要素，一是"公共利益"的认定，二是"补偿标准"的制定。对于"公共利益"的认定在《土地管理法》修法中已经实现了法律保留。《土地管理法》第45条第6项规定，法律规定为公共利益需要可以征收农民集体所有的土地的其他情形。"这一方面将规定'其他情形'的立法权限限定于'法律'，实现了与《立法法》相关规定的对接，体现了基本权利限制（剥夺）的法律保留原则，即只有全国人大及其常委会制定的'法律'才能规定其他征收情形；另一方面，也体现了公共利益界定的程序思维，因为由最高权力机关来界定公共利益，最具民主智慧和程序合法性。"[⑤]从《土地管理法》的修法目的来看，应当将第48条第3项第1句中的"省、自治区、直辖市"理解为"省级人大"。

---

① 参见王平：《地根政治》，《中国改革》2005年第7期。

② 参见孙建伟：《土地开发权应作为一项独立的财产权》，《东方法学》2018年第5期；孙建伟：《如何解决城乡建设用地置换中的"元问题"——基于新型权利视角的分析》，《探索与争鸣》2021年第3期。

③ 参见胡兰玲：《土地发展权论》，《河北法学》2002年第2期。

④ 孙建伟：《土地开发权应定性为新型用益物权》，《华东政法大学学报》2019年第6期。

⑤ 房绍坤：《土地征收制度的立法完善——以〈土地管理法修正案草案〉为分析对象》，《法学杂志》2019年第4期。

(四)制度设计的基本思路

综上所述,2019年《土地管理法》应进一步解决土地补偿标准合理性和公正性问题。以周密的制度设计为基础,以充分保障农民在土地征收中的经济利益为导向,本书所构想的土地补偿标准制度可以从以下三个方面展开。

1. 制定土地补偿标准的主体应为省级人大

近期,将土地补偿标准制定主体进一步明确为省级人大,符合正当程序原则。更为重要的是,目前各省农地征地补偿标准差异较大,标准不统一,补偿标准较低,补偿款发放对象不精准,说明政府的相关立法存在不足,应该交由省级人大行使相关立法权,提高立法位阶。通过缜密的程序设计,发挥人大内部专门委员会的作用。省级人大的立法力量配置更高,能更好地制定合理的补偿标准。同时,人大还担负着对人民政府预算监督者的职责,也具有监督人民政府预算合理性的权能,避免人民政府预算制定和实施中对经济发展目标和社会治理目标的价值失衡。

2. 省级人大制定土地补偿标准的内部程序

土地补偿标准可以先由专门委员会拟定,再交省级人大制定并颁布土地补偿标准。根据《中华人民共和国地方各级人民代表大会和地方各级人民政府组织法》(以下简称《地方各级人民代表大会和地方各级人民政府组织法》)第30条的规定,省级人民代表大会根据需要,可以设立专门委员会。不同于财政经济委员会,农业与农村委员会不属于《宪法》第70条和《地方各级人民代表大会和地方各级人民政府组织法》第30条所列举的专门委员会,但第九届全国人大就增设了农业与农村委员会。[①] 在地方实践中，农业与农村委员会是被普遍设立的专门委员会。例如，上海市人大、浙江省人大、江苏省人大、安徽省人大等省级人大都设立了农业与农村委员会。根据《上海市人民代表大会专门委员会工作条例》及其相关规定，上海市人民代表大会农业与农村委员会是市人民代表大会在农业与农村发展方面的常设专门工作机构，受市人民代表大会领导；在大会闭会期间，受市人民代表大会常务委员会领导。农业与农村委员会协助市人大及其常委会依法开展立法、监督等工作。从其定位和职权来看，农业与农村委员会十分适合作为土地补偿标准的拟定机构。

将补偿标准交由农业与农村委员会拟定具有较强的可操作性。农业与农村委员会熟悉农村工作，了解农民的实际困难，有利于开展调研。根据《地方各级人民代表大会和地方各级人民政府组织法》第 18 条的规定，地方各级人民代表大会举行会议时，各专门委员会可以向本级人民代表大会提出属于本级人民代表大会职权范围内的议案。经过充分调研，农业与农村委员会可在人大开会期间提出议案，明确土地补偿的具体标准。

3. 保障省级人大定价决策中立的具体措施

省级人大在制定补偿标准时需要处于中立地位，既要保护农民在土地征收时的利益，又要兼顾人民政府的预算。这使农业与农村委员会在农民角度所提出的补偿标准议案未必能够得到表决通过，因为脱离预算承受范围的补偿不具有可行性。省级人大财政经济委员会拥有数量较为充分的专业人才，在预算监督上能够发挥更大的作用。虽然

① 周伟：《完善全国人大专门委员会设置的宪法思路与展望》，《中国法律评论》2020年第 4 期。

人民政府内部也存在着一定数量的专业人才，但由于“规制俘获”广泛存在，基于“专家知识”作出的决定未必能够令人信服。[①] 人大所遵循的“治理型”预算审查机制强调“公共化”层面的利益平衡，避免对“效率化”的过分追求。[②] 农业与农村委员会本身即是由财政经济委员划分而出，两者存在较大的协同可能性，可以就该事项相互配合。[③] 在这个背景下，人大制定的补偿标准在法理上具有正当性。毕竟，人大还承担着人民政府预算监督者的角色。综上，农业与农村委员会拟定补偿标准，财政经济委员会居中协调预算草案和补偿草案，可以使省级人大尽可能地保持中立地位。

四、短期路径：公民参与权视角下农地补偿标准制定程序

在现行立法模式下，农地补偿标准的制定主体不是立法机关，导致一些体制机制上的问题亟须改革。从短期来看，应完善相关行政听证程序，提高公民在决策中的参与度，特别是需要在相关立法程序中为公民提供参与渠道。

（一）行政听证路径及其不足

行政程序中的听证制度主要起到增进政治沟通、促进政治参与、提

① 参见石肖雪：《行政听证程序的本质及其构成》，《苏州大学学报（法学版）》2019年第2期。

② 参见周长鲜：《从“行政型”到“治理型”：人大预算审查监督的转型重点、问题症结与破解对策》，《人大研究》2021年第7期。

③ 参见钱大军：《立法权的策略配置与回归——一个组织角度的探索》，《现代法学》2020年第2期。

高行政效率的功能。[①] 但是,行政听证实现的程序性制约机制无法为实体性结论提供正当性依据。[②] 也就是说,被征收人的行政参与权与征收补偿标准并非完全关联。

听证的目的在于约束公权力,“允许私权利主体的意志对其作出必要的限制和约束”[③]。但在利益面前,听证所具有的约束作用不可被过度放大。事实上,真正具有意义的是确立一个公平公正的补偿标准,这样才能更有效地防止公权力随意作出征收决定。“宪法确立补偿制度使得公权力在决定实施征收时必须考虑到伴随而来的财政压力,这一财政压力将使国家实施征收行为更为慎重。”[④]因此,笔者认为,听证程序旨在约束征收决定本身,但这一路径的效果有限。通过程序性设计保障公平公正的补偿标准,是真正的解决之道。

(二) 公众参与的应有之道——人大立法程序

被征收人参与的最佳方式应当是人大的间接代表。征收权的基础学说包括“保留权利理论”(reserved rights)和“内在权力理论”(inherent power theory)。前者认为国家权力先于公民财产权,因此公民财产权取决于国家的授权。尽管两种理论在公民财产权的来源上有不同的认识,但在实践层面都赋予了国家以征收权力。只不过,后者认为政府的征收行为需要符合宪法条件。

除“公共利益”的认定权力外,征收中的另一个核心问题是对被征

---

① 参见叶必丰:《行政程序中的听证制度》,《法学研究》1989 年第 2 期。

② 参见石肖雪:《行政听证程序的本质及其构成》,《苏州大学学报(法学版)》2019 年第 2 期。

③ 渠滢:《不动产被征收人参与权的价值定位与制度重构》,《中国法学》2018 年第 1 期。

④ 陈征:《征收补偿制度与财产权社会义务调和制度》,《浙江社会科学》2019 年第 11 期。

收人的补偿标准问题。对于补偿标准的制定权限可以借鉴“公共利益”界定的思路，即由人大决定具体的补偿标准。人民代表大会制度是我国的根本制度，人大代表由选民选举产生，代表着选民的利益，故人大应当在征收决定和征收补偿事项上发挥实质的作用。因此，全国人大及其常委会应当在征收两大核心要素，即“公共利益”界定和“征收补偿标准”制定中均发挥实质作用。

土地管理法的多次修改都体现出征地被视为国家行为，农民负有支援国家经济建设的义务。[①] 不过，这一现状需要得到改善甚至扭转。与前述观点不同，笔者认为，在现行立法下，赋予人大确立区片综合定价的权力，能够更加有效地保障农民在土地征收中的经济权利。[②]

（三）人大立法程序中的公民参与

公民在立法程序中能够获得比在听证程序中更大的参与权。首先，人大代表与人民群众具有密切联系，因而立法程序更能反映民意。畅通人大代表与人民群众的联系渠道，一直是地方人大努力探索的方向，旨在把人民代表大会的制度优势转化为治理效能。[③]《宪法》第2条规定，人民行使国家权力的机关是全国人民代表大会和地方各级人民代表大会。因此，人大最能够保证民意在土地补偿标准的制定中得到充分的反映。

其次，立法程序对于公民参与的保障较听证程序更为全面。除听

---

① 方涧、沈开举：《我国集体土地征收与补偿制度之嬗变与未来——兼评〈土地管理法（修正案征求意见稿）〉》，《河北法学》2018年第8期。

② 在这方面，有学者通过对征地过程研究认为，我国的集体土地征收决定本质上是空间规划的实现手段，后者决定前者。让人大或公众介入具体的征地决策过程作用将极为有限，很大程度上属于为时已晚，其认为，要打破这种现状，在空间规划编制阶段就应该逐步提高人大及公众在空间规划编制过程中的话语权。参见彭錞：《中国集体土地征收决策机制：现状、由来与前景》，《华东政法大学学报》2017年第1期。

③ 于学农、王维强：《提升人大民意表达能力初探》，《人大研究》2021年第7期。

证程序外，公民在立法中还可以参与公开征集立法项目建议或法律法规草案稿、立法调研、书面征求意见、座谈会、论证会、列席和旁听、公布法律草案征求意见等阶段。[①] 公民的上述参与权在地方立法中有着明确的规定。例如，《广东省地方立法条例》开宗明义："地方立法应当体现人民意志，发扬社会主义民主，坚持公开立法，保障公民通过多种途径参与立法活动。"

最后，立法机关在制度机制上保障公民的参与权更有优势。尽管公民参与地方立法的路径存在不完善之处，但是这一局面已经发生了根本性的改变。地方人大，尤其是通过人大常委会积极作为，加强了立法中民意表达的制度建设。例如，甘肃省人大常委会早在 2013 年 7 月就制定了《甘肃省公众参与制定地方性法规办法》，促使公众参与地方性法规制定活动逐步规范化和制度化[②]。

五、长期路径：法律保留原则与农地补偿标准规范层级

前述研究表明，将《土地管理法》第 48 条第 3 款理解为授权省级人民政府制定农地补偿标准规范的做法与法律保留原则的精神不符，而且导致相关的规范层级整体上处于基层状态，不利于公民基本财产权的保障。长期来看，补偿标准的制定权限也应当借鉴"公共利益"界定的思路，考虑由人大决定具体的补偿标准。

① 参见朱力宇：《立法学》，中国人民大学出版社 2015 年版，第 177—181 页。

② 王锡锌：《从"管理"走向"参与"的转变》，《人民论坛》2009 年第 16 期。

（一）法律保留与正当程序的关系

正当程序、权利保留、法律保留的实质内涵基本相同。所谓的“法律保留”是指，“凡属宪法、法律规定只能由法律规定的事项，则或者只能由法律规定；或者必须在法律明确授权的情况下，行政机关才有权在其所制定的行政规范中做出规定”[①]。学者从奥托·迈耶(Otto Mayer)的理论中总结出“宪法中的行政权对公民基本权利和自由的干涉必须以法律为基础这样一个权利保护理念，法律保留实质是权利保留”[②]。

（二）农地征收补偿属于中央立法事权范畴

为了增强农地征用补偿的权威性和科学性，宜进行《中华人民共和国土地征收法》(以下简称《土地征收法》)立法，作为远期立法规划。具体操作上，可以结合前文表2“各地区‘区片综合地价’规范表”，各省、自治区、直辖市标准至少应当在主体和方法层面日渐趋同，为未来统一的《土地征收法》中央立法奠定基础。

根本意义上，土地征收事务属于中央事务而非地方事务，省级人大的地方性法规仅是全国人大未进行立法之前的权宜之策。“地方事务是地方事权的事务标准，既是地方人大又是地方人民政府的事权标准。”[③]《立法法》第11条第4款规定，“对非国有财产的征收、征用”只能制定法律。“对国家来说重要的立法事项不一定属于框架性法律，一些同样重要的立法事项，如国家主权、对公民政治权利的剥夺，以及对非国有财产的征收、征用等属于细则性法律的范畴，属于中央立法的

---

① 应松年：《依法行政论纲》，《中国法学》1997年第1期。

② 肖北庚：《法律保留实质是权利保留》，《现代法学》2008年第2期。

③ 叶必丰：《论地方事务》，《行政法学研究》2018年第1期。

范围。"[①]因此,地方补偿标准不属于《立法法》第72条第1款省、自治区、直辖市的人民代表大会及其常务委员会可以根据本地实际情况制定地方性法规的权限范畴。

从域外的对比来看,一些国家直接在《宪法》中规定补偿标准需要由法律规定。例如,韩国《宪法》第23条第3款就明确规定,土地征收时的补偿标准由法律规定。[②] 与之相类似,国内学者认为,根据《宪法》第10条规定,征收行为和征收补偿都属于中央立法事权范畴。基于立法者原意和文义解释,《宪法》第10条第3款所规定的"可以依照法律",既包含征收、征用,也包含补偿。因此,"法律保留原则既约束征收征用行为,也约束确定补偿的项目和标准,如何征收征用以及如何补偿都应当由法律规定,即由全国人大和全国人大常委会制定的法律来规定"[③]。

(三)农村征地补偿不应属于相对的法律保留范畴

尽管我国《宪法》没有明确规定法律保留条款,但《立法法》第8条从全国人大及其常委会专属立法权行使的角度规定了法律保留原则,其中第7项规定,对于非国有财产征收、征用只能制定法律。因而,对农村土地的征收应当属于第7项的范畴。根据《立法法》第9条的规定,土地征收立法属于相对保留事项,在全国人大及其常委会尚未制定

① 沈广明:《论中央与地方立法权限的划分标准——基于公共服务理论的研究》,《河北法学》2020年第4期。

② 钟头朱:《中韩土地征收补偿制度比较研究》,《黑龙江省政法管理干部学院学报》2011年第2期。

③ 王磊:《论我国土地征收征用中的违宪问题》,《法学评论》2016年第5期。

法律时,经全国人大及其常委会授权,国务院可以先制定行政法规。[1]在实践中,相对法律保留事项可被总结为"由法律直接规范或由法律明确授权依据之行政命令加以规范;例如生命、身体以外其他自由事项之限制事项,以及行政给付涉及公共利益之重大事项"[2]。对此,司法实践中,"对非国有财产的征收和财政、税收、海关、金融、外贸制度以及其他事项,属于相对法律保留,属于立法权的非独占事项,一般都可以由行政机关根据行政管理的需要自主行使或者取得法律授权行使"[3]。"《立法法》在法律保留的事项中,关于财产权仅是将'对非国有财产的征收、征用'列为相对法律保留的事项"[4],因此其实质认为在法律未规定补偿标准时,人民政府主管部门可以制定补偿标准。这正是《土地管理法实施条例》第32条赋予省、自治区、直辖市制定权限的原因。

《土地管理法》正是在相对法律保留的思路下制定的。笔者认为,为了能够从根本上彻底解决土地补偿标准合理性问题,增强农地征用补偿的权威性和科学性,农村征地补偿标准制定问题不应划入相对的法律保留范畴,应通过提升立法层级的方式来合理化地制定征地补偿标准。即便当前立法条件暂付阙如,土地补偿标准的确立也应当由省级人大或其常委会来依法行使。长远来看,进行《土地征收法》立法实有必要。

---

① 参见易有禄:《设区市立法权行使的实证分析——以立法权限的遵循为中心》,《政治与法律》2017年第6期。

② 聂鑫:《宪法基本权利的法律限制问题 以中国近代制宪史为中心》,《中外法学》2007年第1期。

③ 朵利民:《善意取得是阻却撤销土地登记的正当理由——兼谈〈不动产登记暂行条例〉的修改建议》,《法律适用》2020年第18期。

④ 王理万:《商业性强制保险制度的合宪性分析》,《法学家》2017年第2期。

结　论

宅基地三权分置须从理论上厘清所有权、资格权和使用权权能边界、内涵及相互关系，在实践中逐步探索各项权能的实现机制。宅基地三权分置从政策文件走向法律规范的核心就在于将宅基地使用权中集体成员的身份性要素独立出来，作为一种单独予以保护的权利，即宅基地资格权。宅基地资格权应被界定为土地所有权在封闭社区中的一种实现形式，其理论依据是农村社会集体与成员形成的新型总有关系。在总有制度规范下，宅基地资格权是一项独立且全新的权利，具有独特的权属内涵，具备人身权和财产权双重属性，在明确宅基地资格权的内部权属划分后，能够还权赋能并给予所有权主体一定的处分权，以此完善三权分置的实现路径。农村土地所有权在封闭的社区中，只有通过资格权和三权分置后的宅基地使用权才能获得有效的活力及合法性。宅基地资格权的主要抓手和关键点是放活宅基地使用权，有效地推进宅基地使用权规范流转并加强农村土地资源优化利用。落实宅基地价值多元实现形式需要落实所有权主体一元化和所有权主体法律化，在宅基地资格权上拓展权属效能，区分宅基地资格权的身份和财产权能。

宅基地所有权作为一种集体公有制的法权，其源于集体成员土地所有权的让渡，是保障集体成员生存权、居住权的制度基础。基于集体经济组织成员专属权益的不可流转性，在初次分配后对宅基地的占有产生资格权，其上可以生发出具有市场流转性的宅基地使用权。城乡社会结构的变化使宅基地权属发生变化,农村人口脱“户”需要将宅基地产权和其农户身份分离。在新型总有关系下,需要逐步分离产权和身份绝对的依附关系,通过使用权的适度放活,有效地推进宅基地使用权规范、有序流转,优化农村土地资源利用。

宅基地三权分置改革的法理依据在于新型总有关系。考察总有制度的起源与演进历程,应认识到所有权可以在作为完整实体的团体法人和作为其构成性来源的成员之间共存和进行权能分割,相应的财产权制度及法律效果须根据特定历史地理下的习惯、环境等具体实际因素进行个别化的确定,进而有效解决团体身份封闭性与财产价值开放性之间的矛盾。新型总有在总有的基础上主要考量了我国农村集体与成员日益变化的客观实践,并呈现股权化、成员身份流动性等客观事实,但是新型总有关系本身并没有突破总有关系的一般理论。①

《民法典》第260条“成员集体所有”的表述支持了总有关系的立场,集体所有权蕴含着作为准自物权的资格权,资格权人不仅享有排他性支配宅基地的权利,还拥有通过契约再许可他人使用宅基地的权利,即具备在宅基地上创设新的法律关系的能力。我国农村宅基地的利用会逐渐摆脱身份属性,转向基于现代契约意思自治的市场化流转,这正是三权分置后的宅基地使用权要完成的任务,使用权实际上是他人通过民事契约等法律事实从集体成员(资格权人)处流转获取的权利。从历史进程来看,总有制度最终会走向消亡,但其在当前阶段作为实现三权分置的实现形式仍具有不可替代的巨大过渡价值。在适度放活宅基地使用权的改革方向下,依然需要以绑定身份属性的资格权来保障

① 参见孙建伟:《宅基地“三权分置”中资格权、使用权定性辨析——兼与席志国副教授商榷》,《政治与法律》2019年第1期。

农户的居住权益,并在坚守集体所有制的前提下发挥宅基地的财产价值。

在中央政策文件2018年提出宅基地三权分置后,2019年《土地管理法》在修订中删除了原第63条限制农民集体所有土地使用权流转的相关规定,这在《民法典》第363条规定有关宅基地使用权的转介条款的条件下,应当视为原宅基地使用权中的集体成员身份性要素已被立法者剥离出来,按照三权分置的要求设立一种单独的权利予以保护。三权分置后的资格权作为兼具身份与财产属性的准自物权,承担了这一功能。以资格权为逻辑中介构造宅基地三权分置体系,应当遵循“宅基地所有权—农户资格权(准自物权)—宅基地使用权(用益物权)”的体系展开。将宅基地资格权定性为类自物权,具有深厚的历史基础。对此,早就有学者提出“来源于农民跟随中国共产党闹革命、参加土地革命而从此获得的生存权和发展权等宪法性权利,因此,不能简单地把农民的地权理解为派生于集体土地所有权的传统民法中的用益物权”[①]。这种观点也符合我国法治建设以人民为中心的发展理念,尤其是党的十八大之后,我国法治以人民为中心体现得更加淋漓尽致。[②]习近平总书记指出:“人民是我们党执政的最大底气,是我们共和国的坚实根基,是我们强党兴国的根本所在。我们党来自人民,为人民而生,因人民而兴,必须始终与人民心心相印、与人民同甘共苦、与人民团结奋斗。”[③]与此同时,将宅基地三权分置后资格权定性为类自物权,可以为促进城乡要素优化组合、提升农民可行能力和激励多元主体共建

① 孙宪忠:《推进农地三权分置经营模式的立法研究》,《中国社会科学》2016年第7期。

② 参见王春业:《论百年来党领导法治建设的基本经验与未来展望》,《上海政法学院学报(法治论丛)》2022年第3期。

③ 习近平:《人民是我们党执政的最大底气》(2018年3月1日—2019年12月27日),《习近平谈治国理政》(第3卷),外文出版社2020年版,第137页。

共治共享提供制度条件。[1]

在农村集体土地所有权之下，宅基地的三权分置主要指集体土地所有权、资格权、宅基地使用权；农用地的三权分置主要是集体土地所有权、土地承包权、土地经营权。在正常的市场交易流转中，宅基地初始分配的资格权通过与宅基地使用权的分离以及后者的市场流转，完成宅基地使用权的市场化转接、土地承包经营权中分离出土地承包权与土地经营权，并为后者的自由流转减少制度性障碍，它们都使特定集体农民享有的成员权利明确化，使之既能联系身份权利，又能处分财产权利。究其实质，这属于给集体农民的身份赋能市场化色彩，证成农民从田野到市场的主体地位，即通过市场交易，转接附随于成员的财产权利变为市场权利。传统总有向新型总有演进的过程，既是从身份到契约转化的过程，也是权利公平化的过程。在市场经济条件下，农地上的成员权利依法通过契约，转化为双方自愿、协商一致的平等权利，不仅可以减少矛盾，还可以维护我国农村土地资源的高效配置与持续发展，实现土地要素市场化改革。

按照上述逻辑，农村宅基地集体土地所有权与宅基地资格权利来源一致，因此，集体组织仅仅代表农民行使所有权，拥有的是一种土地管理的功能，集体成员基于其成员身份应该获得更多的属于自己已经分配或未来可以预期分配的土地财产权利益。从这个意义上，财产权是基于成员身份获得的，集体成员可以将宅基地留为自用，也可以在保留资格权的基础上，在符合规划和用途管制的前提下，[2]将宅基地使用

---

① 参见梁钦东等：《乡村振兴：跨界构建与文化自觉》，《新文科教育研究》2022年第3期。

② 参见孙建伟：《土地开发权应作为一项独立的财产权》，《东方法学》2018年第5期。

权进行上市交易,收益应该主要归成员自己所有。① 当然,不排除上缴部分集体和国家的管理费或相关收入的税收。那种认为资格权人获得宅基地使用权的收益应该主要归集体的观点则是站不住脚的,其主要原因是没有准确定位宅基地资格权的来源和性质。

① 参见孙建伟:《建设用地置换视域下土地发展权的法理基础与制度构造》,《暨南学报(哲学社会科学版)》2017年第12期。

主要参考文献

专著类：

陈小君等:《农村土地法律制度的现实考察与研究——中国十省调研报告书》,法律出版社 2010 年版。

〔日〕加藤雅信:《“所有权”的诞生》,郑芙蓉译,法律出版社 2012 年版。

〔德〕考夫曼,阿图尔;哈斯默尔,温弗里德主编:《当代法哲学和法律理论导论》,郑永流译,法律出版社 2002 年版。

李凤章:《土地抵押融资的法律困境与制度创新》,立信会计出版社 2012 年版。

李锡鹤:《物权论稿》,中国政法大学出版社 2016 年版。

李宜琛:《日耳曼法概说》,中国政法大学出版社 2003 年版。

刘婧娟:《中国农村土地征收法律问题》,法律出版社 2013 年版。

陆剑:《我国农地使用权流转法律制度研究》,中国政法大学出版社 2014 年版。

彭诚信:《现代权利理论研究》,法律出版社 2017 年版。

〔荷兰〕皮特,何:《谁是中国土地的拥有者?——制度变迁、产权和社会冲突》,林韵然译,社会科学文献出版社 2008 年版。

史尚宽:《物权法论》,中国政法大学出版社 2000 年版。

孙建伟:《乡村振兴与宅基地三权分置法律问题研究——以土地开发权为视角》,上海三联书店 2024 年版。

王利明:《物权法研究(下卷)》(第四版),中国人民大学出版社 2016 年版。

王涌:《私权的分析与建构:民法的分析法学基础》,北京大学出版社 2020 年版。

谢在全:《民法物权论》(修订五版,上册),中国政法大学出版社 2011 年版。

张静:《现代公共规则与乡村社会》,上海书店出版社 2006 年版。

郑永流:《当代中国农村法律发展道路探索》,中国政法大学出版社 2004 年版。

论文类:

〔美〕埃里克森,罗伯特·C.《复杂地权的代价:以中国的两个制度为例》,《清华法学》2012 年第 1 期。

包欢乐:《利益承载:宅基地资格权功能定位与法律实现》,《江苏社会科学》2023 年第 4 期。

曹斌:《日本农村集体产权制度的演进、特征与构成》,《中国农村经济》2020 年第 10 期。

曹相见:《农村集体经济组织特别法人的特别效果》,《法学论坛》2023 年第 2 期。

陈敦:《土地信托与农地"三权分置"改革》,《东方法学》2017 年第 1 期。

陈广华、罗亚文:《宅基地"三权分置"之法教义学分析——基于试点地区改革模式研究》,《农村经济》2019 年第 2 期。

陈广华、孟庆贺:《"三权分置"下农户承包权和土地经营权继承问题研究》,《农村经济》2018 年第 2 期。

陈明:《何谓"公有"?——土地产权制度改革的政治经济逻辑再认识》,《理论月刊》2021 年第 10 期。

陈明辉:《论我国国家机构的权力分工:概念、方式及结构》,《法商研究》2020 年第 2 期。

陈小君:《我国农民集体成员权的立法抉择》,《清华法学》2017 年第 2 期。

陈小君:《我国涉农民事权利入民法典物权编之思考》,《广东社会科学》2018

年第1期。

陈征:《征收补偿制度与财产权社会义务调和制度》,《浙江社会科学》2019年第11期。

程秀建:《宅基地资格权的权属定位与法律制度供给》,《政治与法律》2018年第8期。

邓大才:《产权单位与治理单位的关联性研究——基于中国农村治理的逻辑》,《中国社会科学》2015年第7期。

丁关良:《"三权分置"政策下宅基地流转方式运行机理的剖析和思考》,《农业经济与管理》2020年第4期。

董新辉:《新中国70年宅基地使用权流转:制度变迁、现实困境、改革方向》,《中国农村经济》2019年第6期。

董新辉:《宅基地使用权流转制度的困境、出路与重塑》,《学术交流》2018年第9期。

董祚继:《"三权分置"——农村宅基地制度的重大创新》,《中国土地》2018年第3期。

朵利民:《善意取得是阻却撤销土地登记的正当理由——兼谈〈不动产登记暂行条例〉的修改建议》,《法律适用》2020年第18期。

方涧、沈开举:《我国集体土地征收与补偿制度之嬗变与未来——兼评〈土地管理法(修正案征求意见稿)〉》,《河北法学》2018年第8期。

房绍坤、曹相见:《集体土地所有权的权能构造与制度完善》,《学习与探索》2020年第7期。

房绍坤、袁晓燕:《农村集体经济组织特别法人制度建构》,《上海政法学院学报(法治论丛)》2021年第3期。

房绍坤:《民法典物权编用益物权的立法建议》,《清华法学》2018年第2期。

房绍坤:《土地征收制度的立法完善——以〈土地管理法修正案草案〉为分析对象》,《法学杂志》2019年第4期。

高飞:《论集体土地所有权主体之民法构造》,《法商研究》2009年第4期。

高飞:《征地补偿中财产权实现之制度缺失及矫正》,《江西社会科学》2020

年第 2 期。
高海:《宅基地“三权分置”的法实现》,《法学家》2019 年第 4 期。
高海:《宅基地使用权继承:案例解析与立法构造》,《东方法学》2018 年第 5 期。
高金登、陈畑畑:《〈土地管理法〉修正背景下农村宅基地三权分置的司法路径探索——以沪上农村宅基地房屋流转之司法困境为视角》,《上海法学研究》集刊 2019 年第 19 卷。
高圣平:《承包地三权分置的法律表达》,《中国法学》2018 年第 4 期。
高圣平:《农村宅基地制度:从管制、赋权到盘活》,《农业经济问题》2019 年第 1 期。
高喜全:《以农村宅基地制度改革助推乡村振兴的实践探索》,《前进》2021 年第 9 期。
管洪彦、夏旗:《农民户有所居的实践探索与改革思路》,《山东警察学院学报》2021 年第 2 期。
韩俊:《今年中央一号文件的主要精神和政策举措》,《上海农村经济》2018 年第 3 期。
韩立达、王艳西、韩冬:《农村宅基地“三权分置”:内在要求、权利性质与实现形式》,《农业经济问题》2018 年第 7 期。
韩松:《论乡村振兴背景下农民户有所居的住房保障》,《法律科学(西北政法大学学报)》2022 年第 2 期。
韩松:《我国民法典物权编应当界定农民集体所有权类型的本质属性》,《四川大学学报(哲学社会科学版)》2019 年第 3 期。
韩松:《我国农民集体所有权的享有形式》,《法律科学(西北政法大学学报)》1993 年第 3 期。
韩松:《宅基地立法政策与宅基地使用权制度改革》,《法学研究》2019 年第 6 期。
韩文龙、谢璐:《宅基地“三权分置”的权能困境与实现》,《农业经济问题》2018 年第 5 期。

胡兰玲：《土地发展权论》，《河北法学》2002 年第 2 期。
江晓华：《“三权分置”下宅基地退出的权利表达》，《华南农业大学学报（社会科学版）》2021 年第 3 期。
靳文辉：《论金融监管法的体系化建构》，《法学》2023 年第 4 期。
靳相木、王永梅：《新时代进城落户农民“三权”问题的战略解构及其路线图》，《浙江大学学报（人文社会科学版）》2019 年第 6 期。
郎秀云：《三权分置制度下农民宅基地财产权益实现的多元路径》，《学术界》2022 年第 2 期。
李凤章、赵杰：《农户宅基地资格权的规范分析》，《行政管理改革》2018 年第 4 期。
李国强、朱晓慧：《农村集体经济组织法人的治理机制研究》，《财经法学》2022 年第 1 期。
李谦：《宅基地三权分置：法理思辨、基础澄清与制度安排——以〈德清办法〉为样本再分析》，《农村经济》2021 年第 8 期。
李谦：《宅基地资格权：内涵重塑、功能演绎与内容阐述》，《中国土地科学》2021 年第 1 期。
李蕊：《管制及其改进：中国土地管理制度改革的逻辑进路》，《广东社会科学》2020 年第 4 期。
李永燃、李永泉：《我国农民集体土地所有权的性质与构造——以日本民法上的入会权为借鉴》，《西南交通大学学报（社会科学版）》2010 年第 4 期。
刘国栋、蔡立东：《农村宅基地权利制度的演进逻辑与未来走向》，《南京农业大学学报（社会科学版）》2020 年第 6 期。
刘国栋：《论宅基地“三权分置”的法实现》，《中国不动产法研究》2018 年第 2 期。
刘恒科：《宅基地“三权分置”的理论阐释与法律构造》，《华中科技大学学报（社会科学版）》2020 年第 4 期。
刘恒科：《宅基地“三权分置”的政策意蕴与制度实现》，《法学家》2021 年第

5 期。
刘俊杰:《宅基地资格权:权属定位、功能作用与实现路径》,《改革》2023 年第 6 期。
刘凯湘:《法定租赁权对农村宅基地制度改革的意义与构想》,《法学论坛》2010 年第 1 期。
刘锐:《乡村振兴战略框架下的宅基地制度改革》,《理论与改革》2018 年第 3 期。
刘士国、陈紫燕:《"三权分置"的理论突破与未来方向》,《探索与争鸣》2022 年第 6 期。
刘杨:《基本法律概念的构建与诠释——以权利与权力的关系为重心》,《中国社会科学》2018 年第 9 期。
陆剑:《我国农地使用权流转法律制度建构的前提追问与路径规划》,《私法研究》(第 15 卷),法律出版社 2014 年版。
吕军书、郑弼天:《农村宅基地"三权分置"的政策意蕴及实现路向》,《西北农林科技大学学报(社会科学版)》2022 年第 4 期。
马俊驹、丁晓强:《农村集体土地所有权的分解与保留——论农地"三权分置"的法律构造》,《法律科学(西北政法大学学报)》2017 年第 3 期。
茅少伟:《寻找新民法典:"三思"而后行民法典的价值、格局与体系再思考》,《中外法学》2013 年第 6 期。
梅夏英:《民法上"所有权"概念的两个隐喻及其解读——兼论当代财产权法律关系的构建》,《中国人民大学学报》2002 年第 1 期。
孟勤国:《物权法如何保护集体财产》,《法学》2006 年第 1 期。
聂鑫:《宪法基本权利的法律限制问题——以中国近代制宪史为中心》,《中外法学》2007 年第 1 期。
彭錞:《中国集体土地征收决策机制:现状、由来与前景》,《华东政法大学学报》2017 年第 1 期。
钱大军:《立法权的策略配置与回归——一个组织角度的探索》,《现代法学》2020 年第 2 期。

屈茂辉、蒋学跃：《法定地上权探讨》，《法制与社会发展》2001 年第 3 期。

屈茂辉、周志芳：《中国土地征收补偿标准研究——基于地方立法文本的分析》，《法学研究》2009 年第 3 期。

渠滢：《不动产被征收人参与权的价值定位与制度重构》，《中国法学》2018 年第 1 期。

申建平：《宅基地“资格权”的法理反思》，《学习与探索》2019 年第 11 期。

沈广明：《论中央与地方立法权限的划分标准——基于公共服务理论的研究》，《河北法学》2020 年第 4 期。

石肖雪：《行政听证程序的本质及其构成》，《苏州大学学报（法学版）》2019 年第 2 期。

史卫民、董鹏斌：《户有所居视角下共享宅基地使用权的法律规制》，《湖南农业大学学报（社会科学版）》2021 年第 2 期。

史卫民、彭逸飞：《“三权分置”下宅基地资格权实现的法治保障》，《中国农业资源与区划》2023 年第 5 期。

宋志红：《论农民集体与农村集体经济组织的关系》，《中国法学》2021 年第 3 期。

宋志红：《乡村振兴背景下的宅基地权利制度重构》，《法学研究》2019 年第 3 期。

宋志红：《宅基地“三权分置”的法律内涵和制度设计》，《法学评论》2018 年第 4 期。

宋志红：《宅基地资格权：内涵、实践探索与制度构建》，《法学评论》2021 年第 1 期。

孙建伟：《城乡建设用地置换中土地指标法律问题研究》，《法学评论》2018 年第 1 期。

孙建伟：《建设用地置换视域下土地发展权的法理基础与制度构造》，《暨南学报（哲学社会科学版）》2017 年第 12 期。

孙建伟：《如何解决城乡建设用地置换中的“元问题”——基于新型权利视角的分析》，《探索与争鸣》2021 年第 3 期。

孙建伟:《土地开发权应定性为新型用益物权》,《华东政法大学学报》2019年第6期。
孙建伟:《土地开发权应作为一项独立的财产权》,《东方法学》2018年第5期。
孙建伟:《宅基地“三权分置”中资格权、使用权定性辨析——兼与席志国副教授商榷》,《政治与法律》2019年第1期。
孙建伟:《宅基地三权分置中资格权性质再论——兼与特殊用益物权论商榷》,《探索与争鸣》2023年第3期。
孙建伟:《宅基地资格权法定化的法理展开》,《法学》2023年第11期。
孙宪忠:《农村土地“三权分置”改革亟待入法》,《中国人大》2018年第15期。
孙宪忠:《推进农地三权分置经营模式的立法研究》,《中国社会科学》2016年第7期。
孙宪忠:《推进我国农村土地权利制度改革若干问题的思考》,《比较法研究》2018年第1期。
谭启平:《“三权分置”的中国民法典确认与表达》,《北方法学》2018年第5期。
田丰、王跃峰:《建设用地使用权性质研究——以与传统民法地上权比较为视角》,《河北法学》2013年第7期。
王春业:《论百年来党领导法治建设的基本经验与未来展望》,《上海政法学院学报(法治论丛)》2022年第3期。
王磊:《论我国土地征收征用中的违宪问题》,《法学评论》2016年第5期。
王理万:《商业性强制保险制度的合宪性分析》,《法学家》2017年第2期。
王利明、周友军:《成员集体所有在性质上类似于总有》,《农村经济管理》2017年第9期。
王利明、周友军:《论我国农村土地权利制度的完善》,《中国法学》2012年第1期。
王卫国、朱庆育:《宅基地如何进入市场——以画家村房屋买卖案为切入点》,《政法论坛》2014年第3期。

王锡锌：《从“管理”走向“参与”的转变》，《人民论坛》2009年第16期。
王洋：《农村宅基地三权分置背景与价值体系再平衡》，《农村经济与科技》2018年第6期。
王涌：《财产权谱系、财产权法定主义与民法典〈财产法总则〉》，《政法论坛》2016年第1期。
温世扬、梅维佳：《宅基地“三权分置”的法律意蕴与制度实现》，《法学》2018年第9期。
温世扬：《从集体成员权到法人成员权——农村集体经济组织法人成员权的内容构造》，《武汉大学学报（哲学社会科学版）》2022年第4期。
吴丽、梁皓、霍荣棉：《制度信任框架下宅基地“三权分置”改革制度风险研究》，《中国土地科学》2020年第6期。
吴宇哲、沈欣言：《农村宅基地资格权设置的内在逻辑与实现形式探索》，《中国土地科学》2022年第8期。
席志国：《民法典编纂视域中宅基地“三权分置”探究》，《行政管理改革》2018年第4期。
夏沁：《完善进城落户农民土地权益保障的法治机制》，《法学家》2023年第4期。
肖北庚：《法律保留实质是权利保留》，《现代法学》2008年第2期。
肖鹏、王朝霞：《宅基地“三权分置”的制度演进、政策背景与权利构造》，《云南大学学报（社会科学版）》2020年第3期。
〔日〕小川竹一：《中国集体土地所有权论》，牟宪魁、高庆凯译，《比较法研究》2007年第5期。
熊丙万：《实用主义能走多远？——美国财产法学引领的私法新思维》，《清华法学》2018年第1期。
徐忠国、卓跃飞、吴次芳、李冠：《农村宅基地三权分置的经济解释与法理演绎》，《中国土地科学》2018年第8期。
杨立新：《70年期满自动续期后的住宅建设用地使用权》，《东方法学》2016年第4期。

杨雅婷:《〈民法典〉背景下放活宅基地“使用权”之法律实现》,《当代法学》2022 年第 3 期。

叶必丰:《行政程序中的听证制度》,《法学研究》1989 年第 2 期。

叶必丰:《论地方事务》,《行政法学研究》2018 年第 1 期。

易有禄:《设区市立法权行使的实证分析——以立法权限的遵循为中心》,《政治与法律》2017 年第 6 期。

于霄:《农村土地流转:政策性概念到规范性概念》,《法制与社会发展》2023 年第 5 期。

于学农、王维强:《提升人大民意表达能力初探》,《人大研究》2021 年第 7 期。

张克俊、付宗平:《“三权分置”下适度放活宅基地使用权探析》,《农业经济问题》2020 年第 5 期。

张勇:《宅基地“三权分置”改革:“三权”关系、政策内涵及实现路径》,《西北农林科技大学学报(社会科学版)》2020 年第 2 期。

郑庆宇:《农村宅基地资格权:基本内涵、权能结构和行使机制》,载刘云生主编:《中国不动产法研究》2021 年第 2 辑,社会科学文献出版社 2022 年版。

郑振源:《农村宅基地制度改革刍议》,《中国法律评论》2019 年第 5 期。

钟水映、黄建国:《征地统一年产值标准和区片综合地价引发的新困境》,《国土资源》2007 年第 6 期。

钟头朱:《中韩土地征收补偿制度比较研究》,《黑龙江省政法管理干部学院》2011 年第 2 期。

周飞舟、林上、王恒:《宅基地“资格权”的社会学意涵》,《济南大学学报(社会科学版)》2021 年第 4 期。

周伟:《完善全国人大专门委员会设置的宪法思路与展望》,《中国法律评论》2020 年第 4 期。

周长鲜:《从“行政型”到“治理型”:人大预算审查监督的转型重点、问题症结与破解对策》,《人大研究》2021 年第 7 期。

朱涛:《论农民集体土地所有权之主体定位》,《人民论坛 · 学术前沿》2019 年第 22 期。

图书在版编目（CIP）数据

宅基地资格权入法：三权分置权利构造法理研究 / 孙建伟著. -- 北京：商务印书馆，2025. -- ISBN 978-7-100-25339-0

I. D922.324

中国国家版本馆 CIP 数据核字第 2025UZ1990 号

宅基地资格权入法

三权分置权利构造法理研究

孙建伟 著

商 务 印 书 馆 出 版

（北京王府井大街 36 号 邮政编码 100710）

商 务 印 书 馆 发 行

江苏凤凰数码印务有限公司印刷

ISBN 978-7-100-25339-0

2025 年 9 月第 1 版 开本 880×1240 1/32

2025 年 9 月第 1 次印刷 印张 6

定价：48.00 元